生活讀書
17

NBA奪冠
24大教練
和
致勝50兵法

得分看球星戰技，贏球靠教練戰術

紀坪 著

目次

作者序

1891年在一間學校的體育館裡*，一位體育教練詹姆士·奈史密斯（James Naismtih），為了讓眾人冬季能在室內運動，他從小孩的一種遊戲：將球丟入桃籃，得到了靈感。於是將兩個桃籃分別釘在體育館兩邊的看台上，讓雙方隊員比賽把球投擲入籃。

這項運動經過多年的演進，桃籃漸漸改為鐵網，再以鐵圈掛網取代，最後成了現代的籃球。1946年NBA的前身BAA正式成立，經過數十年的發展，詹姆士·奈史密斯當初一個簡單的發想，已經成了全世界最受歡迎的NBA職籃，更成就了許多傳奇的教練和球隊。

1950年代，約翰·昆德拉（John Kundla）教練率領的湖人隊，在陣中喬治·麥肯（George Mikan）禁區的橫掃下，於NBA成立的前六年間，就拿下其中五次的總冠軍，建立了史上第一支王朝球隊。

1960年代，「紅頭」奧拜克（Red Auerbach）教練率領的塞爾提克隊，

在由比爾·羅素（Bill Russell）領銜的團隊戰力下，拿下了當代最多的總冠軍紀錄，更完成了八連霸的不朽霸業。

1980年代，帕特·萊利（Pat Riley）教練率領的湖人隊，在陣中魔術強森（Magic Johnson）及「天勾」賈霸（Kareem Abdul-Jabbar）的攜手下，打出了震驚當代的Show Time球風，成就了當代的紫金王朝。

1990年代，菲爾·傑克森（Phil Jackson）教練率領的公牛隊，在麥可·喬丹（Michael Jordan）的魅力及主宰力下，成功將NBA推向了全世界，執教生涯十一座總冠軍，更為史上之最。

2000年代，格雷格·波波維奇（Gregg Popovich）教練率領的馬刺隊，在與提姆·鄧肯（Tim Duncan）的聯手下，建立起史上最典範的建隊文化，更贏下史上最多的千勝紀錄。

2010年代，史蒂夫·科爾（Steve Kerr）教練率領的勇士隊，與史蒂芬·柯瑞（Stephen Curry）開啟了大三分球的時代，攜手為球隊拿下多次總冠軍，成為新時代籃球的領航者。

本書以NBA教練及其戰術為題，選出了史上最具代表性的二十四大教練及五十大戰術。這些傳奇教練及其球隊，為NBA及籃球世界寫下一篇篇不朽的故事，謹以本書，致敬這些帶給我們美好籃球歲月的傳奇。

---

* 即現在的春田學院（Springfield College）。

約翰 · 昆德拉
John Kundla

簡介
5×NBA 總冠軍、NBA 10 大教練
勝場
例行賽 725 場（423 勝 302 負，58.4% 勝率）
代表球隊和球星
湖人隊（1948-1958）
喬治 · 麥肯（George Mikan）

約翰 · 昆德拉 1916 年出生於賓夕法尼亞州，從學生時代開始打起籃球。畢業後，他選擇了喜愛的籃球工作，在高中及大學擔任籃球教練。之後因第二次世界大戰開打，昆德拉加入了美國海軍。

二戰結束後，人們開始渴望自由和解放的生活，而體育賽事就成了最好的休閒選擇。當時就有十一家冰球館和體育館的老闆，活用了球館的空檔時間，共同發起了籃球聯盟活動，成立了塞爾提克隊、湖人隊及尼克隊等共十一支籃球隊。1946-47 年，美國國家籃球聯盟 NBL 明尼阿波利斯湖人隊，邀請當時已頗具知名度的昆德拉成為球隊隊史的第一位總教練。

在昆德拉接任職業球隊的第一個球季，球隊就迎來了一位偉大的球員喬治 · 麥肯，第一個球季他們就聯手打出 73.3% 的優異勝率，更一舉拿下 1948-49 年的 NBL 總冠軍。1948-49 年球季，球隊轉入了

BAA 聯盟，他們這季的勝率更成長到 75%，拿下第二座總冠軍。

1949-50 年球季，BAA 聯盟更名為 NBA，這一個球季，因為球隊主將麥肯的腳踝骨折缺陣，使得球隊止步於西區決賽。隨著麥肯的傷癒，這支強大的湖人隊連續拿下了 1952、1953、1954 年的冠軍，完成了三連霸。

昆德拉在湖人隊的前六年（1949-1954），就率領球隊贏得了五次的總冠軍，被譽為 NBA 史上的第一支王朝球隊，更讓籃球這項運動有了許多革命性的改變，禁區範圍的擴大、妨礙中籃的設立、犯規限制，以及 24 秒進攻時限的啟用，都是在這個時代開始的。

1959 年，昆德拉卸下了職業球隊的教練位置後，又回到了大學任教，一直到 1981 年才退休。昆德拉於 1995 年被選入籃球名人堂，1996 年被選為 NBA 的十大教練。雖然他只在聯盟執教了十一個球季，然而，他在 NBA 草創期所建立的第一代湖人王朝，早已是 NBA 史冊中不可抹滅的一頁。

低位戰術

籃球場上所謂的「低位」，指的是介於籃框兩側接近禁區的一個位置，「高位」則是指罰球線後的區域。在低位的位置上，通常是隊內身高較高的球員主要的活動區域。因此，所謂的「低位戰術」，就是由球隊中具有優勢的長人，在禁區的低位要球後，所發動的戰術攻勢，是一種以長人為核心的陣地戰進攻方式。

籃球比賽是一種在攻守交換時，雙方必須不停折返跑的運動，因此在早期的比賽中，球員速度就成了這項運動裡最被重視的要素。在那個時代，速度較快的矮小球員，在場上受到較多的重用；反之，行動較為緩慢的長人，在場上的工作通常是苦工和卡位，較少被視為球隊進攻的主力。

直到約翰・昆德拉及喬治・麥肯的出現，這項籃球定律有了革命性的改變。有著6呎10吋絕對高度的麥肯，不但動作不緩慢，還相當敏捷，同時又有極具技巧性及侵略性的進攻動作，能夠不斷發動「低位戰術」，讓當時的防守者吃足了苦頭。

當麥肯在禁區附近的低位拿到球後，他能強硬地撞開防守缺口，強行得分，同時也能技巧性地跑到中線施展勾射，還可以在被包夾時，即時地分球，創造隊友的出手機會。只要有麥肯在禁區坐陣時，球隊就擁有了絕對的主宰權。由於麥肯過於強大的低位

牽制力，當時整個聯盟都叫苦連天，還曾有對手開玩笑自嘲說，只要在球場外看到大樹或高聳地標時，總會不自覺想脫口問好：「Hello，George ！」

自從麥肯的出現及成功後，低位戰術就成了每一支球隊的必備戰術之一，而籃球運動則從原先重視速度的小個子運動，從此轉變為重視高度的大個子運動。

犯規戰術

籃球比賽進行時，當攻守雙方超出規則外的攻防動作時，即視為犯規。有時候為了避免讓對手輕易拿下分數，也會將犯規作為戰術的一部份，透過「犯規」來影響對手的進攻節奏或布陣。在現代籃球中，犯規戰術最常出現在比賽的最終階段，落後的一方會透過犯規戰術凍結時間，一來賭對手的罰球命中率，二來爭取更多的進攻時間及機會。

然而，在早期的籃球比賽中，犯規戰術卻大量充斥在整場比賽中。當時並沒有犯規次數的限制，因此球員只要見苗頭不對，可以隨時透過犯規來影響比賽。1952-53年球季，全聯盟球隊平均一場比賽就犯規了28.8次，也造成球隊平均一場比賽要罰球35.9次，整場比賽被犯規及罰球所填滿，造成比賽的節奏既拖曳又難看，加上球員可以隨意犯規，場上的糾紛及衝突不斷。

而麥肯就是當時「犯規」及「被犯規」次數最多的球星。據統計，他有三個球季的犯規次數高掛聯盟的榜首，且他的防守極為兇狠，還曾撞斷對手的鼻子，加上當時沒有防礙中籃的規定，讓麥肯幾乎能夠將對手的每一球都從籃框上拽下。

相反地，三屆得分王的麥肯，也是各隊兇狠犯規的首要目標。在1948-49年的總冠軍賽中，麥肯在第四場比賽時被對方狠下殺

手，導致摔傷腕關節骨折。最後麥肯打著石膏上場，以4：2帶傷拿下這座總冠軍。

為了杜絕這種嚴重破壞節奏的「犯規戰術」，將球隊每節比賽的犯規次數限制到了六次，超過六次後，對手就能獲得罰球機會，降低了無限制的犯規戰術所帶來的比賽失衡，才有了節奏明快的現代籃球。

拖延戰術

比賽的勝負，取決於計分板上的分數，因此分數領先的球隊，為了確保贏球，就有可能採用「拖延戰術」，盡可能耗掉所有的進攻時間再出手，降低比分落後的對手追分的機會，進而拿下勝利。這通常會出現在比賽最後的時刻。

然而，在最早的籃球比賽中，卻可能整場比賽都在使用這招「拖延戰術」，因為當時並沒有進攻時間的限制。

試想，如果一場籃球比賽，進攻方取得領先後，就在球場上和防守方玩起了捉迷藏的遊戲。試想，如果一場籃球比賽打了近二個小時後，一隊僅得了19分就能贏球了。你還會認為這是一場籃球「比賽」嗎？更何況是出現在籃球最高殿堂的NBA？

1950年11月22日，由昆德拉率領的湖人隊與活塞隊的比賽中，二隊就打出了這種詭異的比賽。只要其中一隊獲得了領先，就開始施展「拖延戰術」，與落後方玩起了躲貓貓的遊戲，最終比賽得分是19：18，上演了一場可怕的拖延大戰。

而這樣的比賽狀況並非個案，還曾有一場比賽打了六個小時，原因是打入延長賽後，有球權的一方完全不進攻，而是在比賽時間快要耗盡時，再投出壓哨球，進了就贏球，輸了就延長，即可立

於不敗之地。

當時雪城隊的老闆丹尼爾・比亞松（Danny Biasone）很清楚這不是比賽該有的樣貌，於是他研究並統計了多場比賽的數據、出手投籃數和比賽時間，發現每一次的進攻時間約為24秒。之後他找來了聯盟總裁及各隊老闆，演示了加入24秒進攻時限的球賽節奏，讓人驚訝的是，有了24秒進攻時限的比賽，與賽球員不但不需匆忙胡亂出手，且能打出具有團隊感的流暢比賽。於是，所有的與會者就此有了共識。

從1954年球季開始，24秒的進攻時限就成為NBA賽場上的鐵則，也間接創造出流暢、具高觀賞性的現代籃球。

「紅頭」奧拜克
Red Auerbach

簡介

9×NBA 總冠軍、NBA 全明星賽、NBA 最佳教練、NBA 最佳總管、
NBA 15 大教練、NBA 10 大教練、籃球名人堂

勝場

例行賽 1417 場（938 勝 479 負，66.2% 勝率）

代表球隊和球星

塞爾提克隊（1950-1966）

比爾‧羅素（Bill Russell）、鮑伯‧庫西（Bob Cousy）、
比爾‧夏曼（Bill Sharman）

「紅頭」奧拜克 1917 年出生於紐約布魯克林，這是一個經濟大蕭
條的年代，工作機會及食物在這個年代都是稀缺的資源，因此從
小熱愛打籃球的奧拜克，得不到家人的支持，他們認為那無法帶
來溫飽。即使如此，他仍然一頭投入自己熱愛的籃球運動中。

1940 年，奧拜克開始接觸教練工作。最初在高中擔任籃球教練，
之後來到海軍球隊擔任教練。1946 年，隨著這些執教經驗的積
累，讓他得到一個機會，成為 BAA 華盛頓國會隊的總教練。

1946-47 年執教的第一個球季，奧拜克就將球隊打造成一支快攻
型隊伍，全季打下 49 勝 11 負的佳績，更在季中創造了當時最長
的 17 連勝紀錄。之後 BAA 與 ABA 聯盟決定合併成為 NBA 聯盟，

奧拜克除了擔任教練外，對於球員的選秀及交易也多有自己的看法。他一直希望能夠打造一支理想球隊，然而球隊卻終始無緣得冠，奧拜克最後離開了國會隊。

1950-51年球季開打之前，波士頓塞爾提克隊的老闆看上了奧拜克，希望他能夠解救球隊戰績及票房不振的頹勢，並允諾奧拜克有一定的權限，決定球員陣容、選秀及交易的操作。

奧拜克在選秀會上打破了過去的慣例，選擇了一位非裔美國人查克‧庫珀（Chuck Cooper），更迎來他們的第一位控衛球星鮑伯‧庫西。有了庫西，球隊的快攻戰術就有了最佳啟動者。1951-52年球季，他們又迎來了後場另一得分箭頭比爾‧夏曼，從此球隊的進攻節奏愈加快速，陣容也更具競爭力。

然而，雖然進攻速度有所提升，讓他們有能力打入季後賽，卻始終離總冠軍有段不小的距離，季後賽中更是勝少敗多。奧拜克很清楚，就算有著再快速的後場陣容，他們仍需要一張能夠固守禁區的王牌，讓球隊能夠快速發動反擊與快攻。

終於，奧拜克找到了他的希望之塔，一位6呎9吋的黑人球員比爾‧羅素，於是透過選秀會上的交易操作，球隊成功將羅素延攬入隊。有了堅實的中樞，禁區不再是球隊的破綻。

奧拜克重視團隊，更認為先有防守才有進攻，有了羅素這位防守

大神，就等於在禁區防線上有了最大的屏障，迫使對手必須遠離禁區，在更遠的地方出手，使得對手的命中率顯著下降，球隊就有了更多反擊及快攻的機會。

禁區有了羅素坐陣防守，後場又有庫西及夏曼的快攻，塞爾提克隊很快就成為了一支攻守一體的當代最強球隊。在奧拜克率隊（1957-1966年）的十年間，球隊拿下了其中九次的總冠軍，更完成了史上最長的八連霸，這項紀錄被認為是NBA史上最不可能被打破的冠軍紀錄。

1965-66年球季，奧拜克宣布這將是他執教生涯的最後一季，更向聯盟其他對手發出豪語：「這將是你們對我反擊的最後機會。」

離開教練的崗位後，奧拜克指定羅素成為繼任教練，這也讓羅素成為北美四大職業聯盟中的第一位非裔總教練。而奧拜克則成為球隊的管理階層，透過選秀及交易，繼續打造球隊的冠軍文化。之後球隊不但在1970年代再次拿下兩冠，並在奧拜克主導下，在選秀及交易時得到了賴瑞‧柏德（Larry Bird）、凱文‧麥克海爾（Kevin McHale）及羅伯特‧派瑞許（Robert Parish），透過這三巨頭的聯手，再次於1980年代拿下三冠。

奧拜克在塞爾提克隊的二十九年間，一共贏得了十六次NBA總冠軍，九次是以教練身份，七次是以總管身份，這些不凡的成就，

讓奧拜克成為北美體育史上最成功的教練及管理階層。

奧拜克打破了多項膚色障礙，在選秀會上選擇了第一位黑人球員，在1964年派出第一組黑人先發五人，1966年推舉了第一位黑人教練。1967年，NBA年度最佳教練獎被命名為奧拜克獎，1980年，他被選為史上最偉大的教練。

奧拜克被視為現代籃球的先驅，重新定義了籃球比賽的風貌，同時，在他麾下培養出了許多的名人堂球星及教練，正因為有他的帶領，波士頓塞爾提克隊成為NBA史上冠軍數最多、名人堂球星最多的球隊。

運籌帷幄

由於奧拜克總是喜歡於勝券在握時,抽上一支雪茄,象徵著比賽已定,所以這個畫面就被稱為「勝利雪茄」。而奧拜克抽著雪茄的樣子,就成了波士頓塞爾提克隊勝利的象徵圖騰,甚至造成一股流行及模仿。

在職業籃球中,每個位置的分工都是明確的。身為總教練的職責,就是好好地在球場上帶領球隊贏球,身為總管的職責,則是好好地在球場外作出最好決策,打造最佳球隊陣容。然而,奧拜克卻從他擔任總教練開始,就一直兼顧著總管的工作,透過選秀及交易,為自己執教的球隊打造理想陣容。

要得到一名好教練並不容易,要得到一名好總管也絕非易事,然而奧拜克的出現,卻成功地將兩個角色都扮演到最好。奧拜克除了在場上的執教外,在場外的「運籌帷幄」、精準的選秀及交易,更是他打造出最佳球隊陣容的關鍵。

奧拜克不單單打造一支冠軍雄師,更打造了一支球隊的冠軍文化,透過庫西、夏曼及羅素的延攬,建立起球隊的核心陣容,同時,他也是角色球員及最佳第六人位置的最早定義者。奧拜克認為比賽的勝負不單單是取決於先發球員,在先發球員下場休息的那段時間,候補球員往往就決定了比賽勝負天平的走向。因此,

在候補席上，他大力起用了約翰・哈維契克（John Havlicek）這樣的多功能球員，補足了球隊先發不在場時的空缺，讓球隊能夠隨時維持著高檔戰力。

奧拜克不單單是一位優秀的傳奇教練，他在管理階層的表現，也是一段傳奇，被視為教練兼總管的先驅及典範。身為總教練，他率領球隊拿下九次總冠軍，身為總管，他為球隊帶來了七次總冠軍，被認為是籃球史上將兩者同時發揮到最頂尖的第一人。

反擊快攻

奧拜克非常重視「防守」及「快攻」的重要性，更認為在有效的防守後，能夠以最快的速度發起「反擊快攻」，才是掌握勝機的關鍵。

因此，在每一次的球隊訓練後，奧拜克總是會不厭其煩地跟球員強調：防守、控制籃板，並在掌握球權後，做出最有效率的傳導及快攻，就是拿下勝利的關鍵。從成功防守到轉化為成功快攻的整個過程中，每一個細節都極為重要。

當時，塞爾提克隊的球隊第一人雖然是傳奇中鋒羅素，然而這支球隊卻不主打以禁區球員為主的陣地戰，而是採用快節奏的後場攻勢為主。而羅素也不像其他中鋒，任務僅限定在禁區的防守，或是在低位接球後的得分，反而經常看到羅素穿梭全場，在有效控制防線時，也能配合著全隊攻勢發動快攻，並找到空檔機會，進行有效率的快攻取分。

塞爾提克隊的反擊快攻，通常是透過羅素以及團隊堅實的防守和籃板來控制球權後，以最快的速度將球轉移給隊內的庫西及夏曼等後衛，發動反擊快攻，為球隊創造大量的快攻得分機會。這套戰術對於當時其他的對手而言是致命的，不是疲於奔命的回防，就是在士氣上被徹底的打擊，最終提早放棄了追防。

奧拜克從來不培養得分王型的球員，這支王朝球隊的陣中，往往同時擁有多位能夠拿到15分以上的得分好手，但幾乎沒有一位是屬於聯盟得分王榜上的球員。即使球隊主將羅素，生涯的平均得分也僅有15.1分，他的任務不是搶分，而是透過防守後的反擊快攻。

這套透過有效防守後的反擊快攻，也帶動了籃球節奏的提升，改變了籃球比賽風格，深深影響後代籃球比賽的文化。

混沌戰術

在傳統的籃球觀念中，認為教練最重要的一項任務，就是盡可能去「控制」並「掌握」比賽的一切，希望整場比賽的不確定性及變數愈少愈好，自己能掌控的則愈多愈好。因此，不少教練無不盡可能地頻繁採用戰術，並在球隊出現不確定性時，即時叫暫停，以期更有效地控制比賽。

然而，奧拜克卻認為，真正掌握勝機的關鍵，在於球員能夠接受混亂及不確定性，並經常訓練球隊在混亂中，仍能找到自己的競爭優勢，這又被稱為「混沌戰術」。

「混沌戰術」指的正是不強求比賽的穩定性，反而是讓球隊習慣性地打出一種讓對方無法掌握的戰術及節奏，特別是在關鍵時刻，一支習慣穩定性的球隊，最容易失常，而最能夠贏球的球隊，反而是最懂得在混亂狀態中搶得勝機的球隊。

史上將這套戰術思維執行得最成功的，正是奧拜克的塞爾提克隊。奧拜克不會安排太多一成不變的固定戰術，且多數戰術都是相對抽象、而非明確的跑位或執行，他不依靠籃球的基本戰術贏球，反而是讓球員能夠在混沌的戰局中保持信心及冷靜。

奧拜克認為，一位好的教練該做的，絕對不是培養出一個個聽話

的球員、不停地在場邊指導球員該怎麼做，而是讓球員在任何時刻都能自己打出好球，在混沌中仍能找到自己的節奏，並完成當下應該完成的任務。

混沌戰術最重要的一個思維，不單單是己方球員在混沌中依舊能夠打出好球，更應該讓對方的球員陷入混沌，而當比賽陷入混沌之時，那麼對平常就擁抱混沌的塞爾提克隊而言，正是他們最具競爭力的時刻。

主場優勢

在NBA籃球比賽中，一場比賽的場地會落在兩隊其中一隊的主球館，這支球隊即被稱為「主場球隊」，而必須舟車勞頓來到對方地盤比賽的另一支球隊，就被稱為「客場球隊」。而主場優勢，指的便是身為主場的球隊，會相較於客場球隊有著更多的比賽優勢。根據統計，在NBA的比賽中，主場球隊的勝率超過了60%，可以說，主場優勢是顯著的。

主場優勢的形成有許多原因，包括主場球隊能夠以逸代勞，避免舟車勞頓造成的精力耗損，也包括主場球隊能夠得到球迷的支持助威，同時也熟悉比賽場地及在地氣候，更可能在裁判的吹判上得到一定程度之優勢。而由奧拜克所執教的塞爾提克隊，可能是史上最有歷史、同時最具優勢的主場。塞爾提克隊的觀眾堅定且強勢，足以扼殺所有客隊的氣勢，任何一支客場球隊想要在這裡拿下勝場都是不容易的。

當時的波士頓花園球館，地板是花紅木，其他球館大多是楓木地板，傳說當時塞爾提克隊為了建構更強大的主場優勢，會在地板上動手腳，讓場上某些地板的彈力係數有所不同，不知情的客隊在運球到這些特殊地板時，球會彈不起來，而主場球員都很清楚這些區域在哪裡。

為了破解這些地雷區，就有對手特地通過影片繪製出了「陷阱分布圖」，讓自己的球隊每次坐客到波士頓時，能特別提防。然而奧拜克做得更絕，他會不定時改變陷阱地板的位置，讓客隊沒辦法破解這個強大的主場優勢。

此外，擁有 NBA 史上最多冠軍的塞爾提克隊，他們主場地板上的隊徽，象徵的正是當代最具統治力的偉大圖騰，讓所有來犯的客場球隊都有所敬畏。而對於塞爾提克的球迷來說，這更是一種偉大的信仰及榮譽，也象徵著史上最強大的主場優勢。

里德·霍爾茲曼
Red Holzman

簡介
2×NBA 總冠軍、NBA 10 大教練、NBA 15 大教練、NBA 最佳教練、
NBA 全明星賽
勝場
例行賽 1299 場（696 勝 603 負，53.6% 勝率）
代表球隊和球星
尼克隊（1967-1980）
威利斯·瑞德（Willis Reed）、華特·弗雷澤（Walt Frazier）、
厄爾·孟洛（Earl Monroe）

里德·霍爾茲曼 1920 年生於美國紐約市，對於籃球運動極有天
賦的他，從高中到大學都是籃球校隊的一員。畢業服完海軍兵役
後，就加入了 NBA 的前身 NBL 皇家隊。他第一個球季就有不錯
的表現，不但獲得了 1944-45 年度最佳新秀，更隨隊拿到了總冠
軍，之後隨著球隊轉到了 NBA 聯盟，再次協助球隊拿下 1951 年
的 NBA 總冠軍。

1953 年，霍爾茲曼以球員兼教練的身份來到了老鷹隊，並在 1954
年從球員身份退役，專職於教練的位置，1955-56 年正式成為老
鷹隊總教練，由於戰績並不理想，於 1956-57 年球季就卸下了總
教練職務。

霍爾茲曼並沒有因此放棄他熱愛的籃球工作，他選擇來到紐約尼

克隊，擔任球探及助理教練等職務，繼續深耕籃球領域，一直到了1967-68年賽季，他才再次得到機會，回到了總教練的崗位。這次，他不再是當初沒有經驗的菜鳥教練，他迅速找到領導球隊的方式，將紐約尼克隊帶入強隊之林。

1969年，霍爾茲曼率領尼克隊完成了當時史上最長的18連勝，挾著這股氣勢，尼克隊一路過關斬將，拿下了1970年隊史第一座總冠軍，霍爾茲曼更被選為年度最佳教練。隨著強隊文化的建立，這支尼克隊成為當代最有競爭力的強隊之一，更在1973年再次殺回總冠軍，拿下球隊的第二座總冠軍。

霍爾茲曼在紐約尼克隊執教的十四個球季，七次率隊殺入東區決賽，三次殺入總決賽，並拿下二次總冠軍。當他於1982年退休時，他的勝場數是當時史上第二，而紐約尼克隊為了致敬他對球隊的貢獻，更以他為球隊拿下的613勝，退休了球隊613號的球衣。

他在1985年被選入了籃球名人堂，1996年被選為NBA十大教練，又在2003年被選為NBA十五大教練，霍爾茲曼無疑是NBA在1970年代中，最成功的教練之一。

全場盯人

霍爾茲曼對於紐約尼克隊最重要的改變，便是拋棄了當時普遍重攻輕守的球風，一手將這支球隊打造成一支極為強悍的防守型球隊，且更經常性地採用了當時較少球隊使用的防守戰術「全場盯人」。

在NBA的規則中，防守方不能隨意包夾未持球球員，因此防守球隊大部份是回防到自己的陣地後，採用類區域型的一對一盯人防守。

而所謂的全場盯人防守，則是在攻守轉換時，對手還未持球推進至前場，就讓己方的防守球員，在後場開始進行壓迫性的盯人防守，迫使對方無法正常推進及組織進攻，進而更容易造成失誤、違例，或是失去節奏。

霍爾茲曼重視團隊防守，重視防守細節，也重視臨場防守反應，絕不輕易給對手空檔的機會，要求球隊更強悍地守下對方，甚至為了好好守下對方的主力球員，霍爾茲曼還會安排專門犯規的球員，好好伺候對方，打亂對手的攻守節奏。

霍爾茲曼對於球隊防守強度的要求，高於當時所有其他的球隊。經常可看到尼克隊在攻守轉換之間，並不是一味地回防，而是在

進攻方球隊尚未將球帶過半場時，就開始採用全場壓迫的盯人防守，迫使進攻方球隊在後場就需要開始警戒，並進入對抗狀態。

這支球隊在禁區擁有明星中鋒威利斯・瑞德，後場擁有多次入選防守第一隊的當代最佳後場防守球星華特・弗雷澤，再加上後來入隊、擁有刁鑽身手的明星後場厄爾・孟洛，讓這支球隊在禁區防禦力足夠的情況下，後場可以採用全場盯人的方式壓迫對手球隊。只要對手一露出破綻，就是尼克隊斷球後的快攻得分，讓當時所有對手吃足了苦頭。

負荷管理

1970年，瑞德全季有著21.7分、13.9籃板的傑出表現，帶領球隊拿下60勝的全聯盟最佳戰績，瑞德不但獲頒了該季年度MVP，同時拿下了全明星賽和總冠軍MVP，是NBA史上第一位完成MVP大滿冠的球星。

因為瑞德的好表現，這一年球隊勢如破竹地殺入總決賽，這是紐約尼克隊拿下隊史首冠的最好機會。然而，瑞德卻在第五戰時大腿肌肉撕裂，這樣的大傷，讓他勢必缺席接下來所有比賽，第六場瑞德無法參賽。

到了決定1970年NBA總冠軍的第七戰，總教練霍爾茲曼深知重傷的瑞德根本發揮不出正常戰力，但他要的不是瑞德當下的肉體戰力，而是精神戰力。瑞德也堅定地希望踏上球場，即使當時他連正常走路都有問題，仍然穿好球衣及球鞋，步伐蹣跚地拖著傷腿走進了球場。

當全場球迷看到場上瑞德的身影時，無不為之沸騰及瘋狂，連對手湖人隊球員，也全數停下了手邊的動作，不可思議地看著這位傷痕累累的球場巨人。

比賽一開局，瑞德就拖著傷軀，神奇地為球隊砍進了前二顆球，

全場觀眾都瘋了，更為尼克隊打開了前所未有的士氣及開局，即使之後瑞德沒再得分，這股氣勢已成。最終他們擊敗了強敵湖人隊，奪下了1970年隊史的首座總冠軍。

球員負荷管理及傷勢的控管，一直是職業運動的重要課題，帶傷上陣會造成球員運動生涯的折損，因此每一支球隊無不謹慎看待球員每一次的傷勢及負荷管理。

然而，1970年的瑞德及尼克隊，絕對是NBA史上帶傷上陣的故事中，最讓人動容、收穫也最巨大的一個。

比爾‧夏曼
Bill Sharman

簡介
1×NBA總冠軍、1×ABA總冠軍、NBA最佳教練、ABA最佳教練、NBA全明星賽
勝場
例行賽819場（466勝353負，56.9%勝率）
代表球隊和球星
湖人隊（1971-1976）
威爾特‧張伯倫（Wilt Chamberlain）、傑瑞‧衛斯特（Jerry West）

比爾‧夏曼出生於1926年，在大學時期曾經參加過棒球比賽，之後轉戰籃球運動，並在1950年參與NBA選秀開始其職業生涯，1951-52年球季被交易到波士頓後，就迅速成為球隊的後場得分主力。他有著過人的投籃及罰球命中率，曾七個球季罰球命中率在聯盟掛帥，更於1958-59年球季創造了當時單季罰球命中率93.2%的NBA紀錄。

在波士頓的球員時期，夏曼曾四次獲得總冠軍、八次入選全明星，並在打了十一個球季後於1961年退休，開始轉戰教練工作。他曾於ABL聯盟及ABA聯盟擔任教練，拿下1962年ABL總冠軍及1971年的ABA總冠軍，獲得當年度最佳教練，在離開ABA後，他來到了NBA的湖人隊執教。

這支湖人隊擁有威爾特‧張伯倫、傑瑞‧衛斯特等聯盟招牌球

星，然而，雖然常年打入總決賽，最終卻都鎩羽而歸。為了改變球隊的體質，夏曼創造了一套球員晨間輕量練習的模式，花更多時間在球員精神的凝聚上，並大幅度調整球隊隊內主將任務的轉換。夏曼認為精神的打造跟體能訓練一樣重要，以作為比賽當日預熱及消除緊張的一種模式，而隨著夏曼執教的成功，這套模式這也成了不少球隊教練效仿的執教模式。

夏曼在執教湖人隊的第一個球季，就創造了例行賽33連勝、全季69勝13負的歷史紀錄，夾帶著這股氣勢，湖人隊拿下了隊史的第一座總冠軍，夏曼也拿下了年度最佳教練的殊榮。

1976年夏曼卸下了教練職務，轉任為球隊管理階層，再次協助湖人隊打造了1980年代的五座總冠軍。1976年夏曼以球員身份入選了名人堂，2004年又以教練身份入選了名人堂。而他當年所率領的這支33連勝冠軍湖人隊，迄今仍被視為是史上最佳球隊之一。

任務轉換

夏曼在1971年剛接任湖人隊總教練時，陣中就已經擁有張伯倫及衛斯特兩位聯盟招牌球星。二位都是聯盟中最具得分爆發力的球星，衛斯特是上一年度的聯盟得分王，張伯倫更是七屆聯盟得分王及多項歷史得分紀錄保持人。然而即使如此，球隊就是無法靠著這兩大得分王拿下總冠軍。

為了改變這個困境，夏曼提出了一個極為大膽的解方，他要求球隊陣中張伯倫及衛斯特這兩大得分王，放棄原先以得分為主的場上定位，轉換到其他的球隊任務上。

張伯倫需拋棄過去專注在進攻端的習慣，而將精神放在防守端上，所謂的防守端，並非單單抓下籃板或送出阻攻，而是要透過精準的防守，控制了球權後，再立刻進行有效的傳導，讓球隊能夠立刻發起攻勢。這在過去，正是他的老對手比爾‧羅素最擅常的任務。衛斯特同樣需將原先得分第一的任務放在一旁，將精神及注意力放在球隊的組織及助攻上。

結果衛斯特成為了當年的聯盟助攻王，張伯倫則成為聯盟籃板王，二人都不再是得分王榜上的有力競爭者。然而，透過球隊主將任務的轉換，讓球隊不再仰賴這些明星球員得分，而是將整支團隊建構起來。湖人隊從來不缺偉大的球星，但湖人隊也過度將

球權寄託在這些球星身上，夏曼有效的任務轉換，讓球隊的每位球員都有了更精準的任務。

最終，他們就在這個任務轉換的球季，創造了例行賽33連勝，全季拿下69勝13負的二項NBA歷史空前紀錄，更一路勢如破竹地打入了總冠軍賽，拿下屬於湖人隊史的第一座總冠軍。

凱文・洛克里
Kevin Loughery

簡介
2×ABA總冠軍
勝場
例行賽1388場（642勝746負，46.3%勝率）
代表球隊和球星
籃網隊（1976-1981）
朱利葉斯・厄文（Julius Erving）

凱文・洛克里1940年出生於紐約布魯克林，自小喜歡籃球的他，1962年加入了巴爾地子彈隊，開始了他十一年的職業球員生涯。1973年退休後，開始擔任教練工作，並得到了一份為期五年的ABA紐約籃網隊主教練合同。

此時，球隊透過交易，從紳士隊獲得了1972-73年球季的聯盟得分王朱利葉斯・厄文，成為球隊的當家球星。不同於其他多數重視紀律的教練，洛克里更願意放權給隊上具有天賦及創造力的球星，讓他們自由打出想要的風格。

就在他帶隊的前三個球季（1973-76），球隊就拿下了1974及1976年二次的ABA總冠軍，讓這支球隊成為ABA聯盟中最成功的球隊。之後隨著ABA解散與NBA的合併，籃網隊也成了NBA的其中一支球隊。然而，由於球隊的財政困境，他們將球隊的當

家球星厄文賣給了費城76人隊。

沒有了厄文，籃網隊也失去了球隊核心，於是洛克里在1980-81年球季中離開了籃網隊。他的下一站來到了亞特蘭大老鷹隊執教，並連續兩個球季率隊打入季後賽，還執教了另一位極具天賦的新人球星多米尼克・威金斯（Dominique Wilkins）。

之後在1983-84年球季，洛克里又轉戰到公牛隊擔任總教練，第一個球季戰績不理想，然而就在洛克里執教公牛隊的第二個球季，球隊迎來了麥可・喬丹（Michael Jordan），洛克里的執教風格，讓天賦過人的喬丹有了完全的發揮空間，該球季公牛隊就在喬丹不可思議的表現下，一舉打入了季後賽，喬丹更於新人球季拿下了新人王，入選年度第二隊。

輾轉擔任了幾支球隊的教練後，洛克里開始投入了轉播事業。洛克里在ABA的執教成績是卓越的，而在NBA的執教成績雖然相對普通，然而，他自由而開放的執教方式，著實為不少極具天賦的球星，提供了一個最好的舞台。

開放戰術

職業籃球是團隊運動，因此所有的教練無不重視紀錄及團隊合作，要求陣中的球員應該以團隊為重，每個人都應該積極融入團隊。然而，相較於其他教練，洛克里是一個更願意放權給隊上具有天賦及創造力的球星，讓這些球星能夠跳脫框架，自由發揮，讓他們透過單打釋放更多的可能。

在執教ABA的時期，隊上的主將是厄文，洛克里就允許球員能盡可能打出表演性的球場風格，只要有機會，隊上每位球員都能放膽地追求個人表現。在這樣的球隊文化下，厄文成為花式灌籃的開創者，更是由於這樣的球隊風格，球隊拿下了二次的ABA總冠軍，成為最具觀賞性及實戰力的ABA冠軍隊。

在NBA時期，雖然洛克里只在公牛隊執教新人喬丹一個球季，然而正是這個球季洛克里的放權，讓原先僅僅是第三順位的喬丹，有了更多的發揮空間，拿下新人王、進入年度球隊，更在得分榜上名列前茅，最終一路成為籃球世界的代表人物。

在《喬丹法則》一書中，作者引用喬丹說過的一句話：「洛克里是他效力過最有意思的教練，提供了他自由發揮的空間，得以打出自己想要的風格。」

如果單從球隊的勝率來看，洛克里戰績表現絕對不算頂尖，甚至不太理想，然而主打自由開放執教風格的洛克里，確實提供了不少球星一個最佳的舞台及機會，讓厄文、威金斯及喬丹的天賦，能被全世界看到和認同。

這種重視個人表現的開放式戰術，或許並不容易成就一支偉大的球隊，但卻更有機會激發一位偉大的球星。而洛克里無疑是這套戰術最佳的詮釋者之一。

傑克・朗塞
Jack Ramsay

簡介
1×NBA總冠軍、NBA全明星賽、NBA 10大教練、NBA 15大教練
勝場
例行賽1647場（864勝783負，52.5%勝率）
代表球隊和球星
拓荒者隊（1976-1986）
比爾・華頓（Bill Walton）

傑克・朗塞出生於1925年，從小在雙親的鼓勵下開始參與籃球、棒球及足球等運動，優異的表現讓他入選校方的名人堂。和其他專注於體育活動的運動員不同，朗塞一路升學並取得了教育博士的學位。

朗塞畢業後打了六個賽季的籃球，之後成為一名教練，開始於學校執教。1955年朗塞帶領他的大學拿下了BIG5總冠軍，之後他一直在這間大學執教，十一年間拿下了234勝72負，並有著六次冠軍的優異成績。

1968年，在一個契機下，朗塞成為76人隊的總教練，開始其NBA教練生涯。朗塞是一個重攻多於守的教練，這一年76人隊的平均得分因此來到了119分，為全聯盟第一，並拿下55勝27負的優異戰績。在76人隊擔任了五年的教練後，又到勇士隊執教四年。

1976年，朗塞被波特蘭拓荒者隊聘為總教練。這是一支已經六季與季後賽無緣的年輕球隊。善於打造進攻體系的朗塞，一眼就看出了這支球隊若要強大，關鍵就在於陣中的年輕主力中鋒比爾・華頓，於是朗塞立刻以華頓為球隊的攻守核心，讓這支原先稚嫩的球隊逐漸打出凝聚力，更跌破眾人眼鏡的是，在季後賽一路打入了總決賽，拿下了1977年的總冠軍。

1977-78年的第二個球季，他們仍然強大，在前六十場比賽就拿下了50勝10負的優異戰績。然而球隊主將華頓卻在此時腿部重傷，必須休戰，也讓球隊的連霸夢碎，由於華頓的常年傷勢，也讓拓荒者隊漸漸退出了強隊之林。

在朗塞退休時，他以864場勝場數，成為當時NBA歷史上勝場數第二，若是統計加入大學和職業聯盟的勝場，朗塞則為當時的第一人。1992年朗塞被選入了名人堂，1993年拓荒者隊更以他1977年的冠軍為名，退休了77號球衣。

居中策應

在籃球世界中，中鋒這個位置一向被認為應該是場上最高、最壯，最需要身體天賦的位置。

然而在朗塞執教拓荒者隊的陣中，卻出現了一個極富團隊觀念的白人中鋒，他有著極為優秀的傳球功夫，在大學最後兩年的平均助攻都超過了5.5次，進入NBA後，也曾有單季超過5次助攻的優秀紀錄，他正是華頓。

於是擅常打造進攻戰術的朗塞，活用了華頓這張王牌，採用「居中策應」的戰術體系設計進攻方式。當球隊將球帶過半場後，全隊會盡可能地讓華頓居中坐陣，透過華頓高大的身材，為全隊進行掩護、持球，並創造隊友空檔。

有著優秀全場視野及助攻技巧的華頓，往往能最即時地透過擋拆或助攻，為隊友創造最理想的得分機會。華頓的下手傳球及分球相當了得，不但是個理想的高大中鋒人選，更是一個優秀的助攻人材，迅速為這支球隊在進攻端建構一套強大的攻擊系統。

居中策應的戰術，需要一位夠高大、同時又具有優秀助攻能力及團隊精神的長人來執行。這樣的球員並不多，而華頓無疑是史上最具有這些能力的球星之一。他有著爐火純青的策應技術及傳球

技巧，還有極佳的團隊精神，為一直被認為是力量代表的中鋒位置，創造出與眾不同的球風及視野。

這支由朗塞及華頓主導的球隊，被認為是史上最無私、最具團隊精神的球隊之一，更攜手為拓荒者隊拿下了隊史的唯一一座總冠軍。華頓是如此描述朗塞的：「他就像燈塔和羅盤一樣引導著我們，更是全隊的精神指標。」

藍尼・威肯斯
Lenny Wilkens

簡介
1×NBA總冠軍、NBA全明星賽、NBA最佳教練、NBA 10大教練、NBA 15大教練
勝場
例行賽2487場（1332勝1155負，53.6%勝率）
代表球隊和球星
超音速隊（1977-1985）
藍尼・威肯斯（Lenny Wilkens）

藍尼・威肯斯1937年出生於紐約布魯克林，很小開始從事籃球運動，並於大學就打出知名度，於1960年的選秀大會上，以第六順位加入老鷹隊，主打控球後衛。

威肯斯在老鷹隊打了八個球季，有五季入選明星賽，之後於1968-69年球季轉隊來到超音速隊，並在1969-70年的第二個球季，以球員身份同時被任命為球隊的總教練。有了球員兼教練身份的威肯斯，還在1969-70年球季拿下助攻王，從此，他的名字就成為球員兼教練的代名詞。威肯斯於1969-1975年間，多年同時擔任球員及球隊教練。

1975年，威肯斯從球員的身份退休，在拓荒者隊擔任全職教練。執教了一個球季後，威肯斯回到了超音速隊擔任總教練，把球隊帶得有聲有色，連續多年打入季後賽，並於1978年率隊打入了總

冠軍賽，血戰七場後才惜敗。隔年他們迅速重振旗鼓，殺回總冠軍賽，並以五場比賽就打敗了去年的老對手子彈隊，拿下超音速隊史上唯一的一座總冠軍。

威肯斯在超音速隊執教了八個球季，之後又曾於騎士、老鷹、暴龍及尼克隊任教，1994年他獲得了年度最佳教練的肯定，1995年他成了史上最多勝的教練，1996年他成了史上第一位千勝教練，並以總教練身份於亞特蘭大奧運率領美國隊拿下金牌。

作為球員，威肯斯曾九度入選全明星，作為教練，他曾四次入選全明星，拿下1979年總冠軍及1994年最佳教練。威肯斯在NBA一共執教了2487場比賽，為史上第一，同時還是第一位千勝教練。

威肯斯並不是第一位NBA球員兼教練的人，但他絕對是最成功的一位，分別以球員及教練的身份，被選入了籃球名人堂，更於1996年同時被選為NBA 50大球星及10大教練，2023年被選為75大球星及15大教練，是NBA史上的唯一一人。

將兼帥印

NBA是個專業分工極細的高強度職業競爭環境,球員的任務,就是在球場上把球打好,而教練的任務,就是在球場旁把球隊帶好,一個重視場上的鬥力,一個重視場邊的鬥智,可說是完全不同的工作。

然而,如果在球場上負責鬥力的球員,能夠同時在場上作好鬥智的教練工作,則不需要透過暫停或是場邊的耳提面命,就能傳達教練的指示,球場上那位「將兼帥印」的球員,能夠直接在球場上同時鬥力又鬥智,能夠以身作則同時最即時地下達指令。在NBA的歷史上,威肯斯無疑是最成功「將兼帥印」傳奇。

不同於其他的「專業」球員,威肯斯的NBA生涯為1960-1975年,而他卻在還未退休時的1969-1975年間,就已經開始擔任球隊教練的工作,以球員兼教練的身份,在NBA的場上及場下指揮整支球隊,展開了其「將兼帥印」的職業生涯。

因此,在有威肯斯的比賽中,經常能夠看到他在場上指揮若定,在與對手高強度競爭的同時,還能指揮著隊友完成各項球場任務;而需要暫停部署時,也無需靠場邊的智囊團來決定,因為他們的總教練就在場上控著球,隨時能夠下達下一步的指令。可以說,球隊的大腦、靈魂與軀幹,都是威肯斯。

這種「不專業」並沒有讓威肯斯因而顧此失彼。即使擔任總教練，他在場上仍然維持著明星球員級的身手及表現，不但入選了明星賽，還能拿下助攻王。從 1969 年到 1975 年，他整整五個球季，分別在多支不同的球隊中，以球員兼教練的身份打了三百二十八場比賽，談到將兼帥印的傳奇，威肯斯無疑是史上第一人。

比爾・費奇
Bill Fitch

簡介
1×NBA總冠軍、NBA全明星賽、NBA最佳教練、NBA 10大教練
勝場
例行賽2050場（944勝1106負，46.0%勝率）
代表球隊和球星
塞爾提克隊（1979-1983）
賴瑞・柏德（Larry Bird）、凱文・麥克海爾（Kevin McHale）、
羅伯特・派瑞許（Robert Parish）

比爾・費奇生於1932年，很早就開始從事籃球工作，曾在四所大學擔任教練，有著不錯的帶隊戰績，也因此1970年讓他有了一個機會，被NBA的擴張球隊騎士隊聘為總教練。

這是一支因聯盟擴張所增加的新球隊，陣中幾乎都是拼湊出來的年輕陣容，第一個球季僅有15勝67負的戰績。然而在費奇的帶領下，球隊每一年的勝場逐步提升，到了1975-76年球季，球隊已經能夠拿下49勝，打入季後賽第二輪，優異的帶隊表現，也讓費奇獲得了第一座年度最佳教練的肯定。

1979年，費奇被波士頓塞爾提克隊招攬為總教練，這支球隊是充滿著輝煌冠軍歷史的傳統勁旅，然而當時這支球隊正陷入積弱中，上季僅得到了29勝53負的糟糕戰績。

費奇執教塞爾提克隊的第一個球季，球隊正巧迎來了超級新秀賴瑞·柏德，於是他們很快聯手找到贏球的步調，一舉將勝場數提升到了61勝，費奇也在這個球季拿到他的第二座年度最佳教練。

1980-81年球季，球隊再次透過選秀及交易，得到了凱文·麥克海爾及羅伯特·派瑞許兩大禁區支柱，與柏德形成了強大的三巨頭。這球季他們在例行賽斬獲了62勝，更在季後賽全隊氣勢如宏，一路殺入了總決賽，以六場比賽拿下了1981年的總冠軍，開啟了這支1980年代東霸天的冠軍之路。

費奇於1983年卸下了塞爾提克隊兵符，之後同年接掌僅14勝的火箭隊，1989年接下僅26勝的籃網隊，1994年接下僅27勝的快艇隊。944勝1106負的生涯戰績看似勝少敗多，然而主因正是因為他總是接下那些百廢待舉的球隊，再迅速為他們找到方向，把他們帶向強隊之林。

1996年費奇被選為NBA 10大教練之一，是當中勝率最差的一位，然而若談到「絕處逢生」的執教功力，費奇可能是史上最強的一位。

專制管理

相較於其他NBA教練，費奇可能是當中最嚴厲、也最專制的一個。費奇的這種帶隊風格，成功將不少原先在谷底的球隊，打造成一支支強悍的軍事化球隊。

費奇很早就開始擔任教練，更曾經將五支原先戰績不佳、與季後賽無緣的球隊，分別帶入季後賽，甚至打入冠軍賽並拿下總冠軍。這些帶隊的成績，顯示了其軍事化的執教風格，往往能讓原先鬆散的球隊文化上緊發條，成為一支嚴謹及強悍的球隊，也讓費奇成為一名人人所敬畏的專制型教練。

然而，每一種帶隊風格一定有其利弊。軍事化的專制風格，能夠建立起球隊的制度，凝聚球隊的專注力，讓每一位球員都得繃緊神經，以最專注的方式面對訓練及每一場球賽。然而，這樣的執教風格，也較易造成隊內的不和諧，如果球隊文化建立不順利，也會造成球隊離崩。正是軍事化的專制風格，費奇往往能成為弱隊的救星，可是當球隊戰績好轉了、隊內大牌球星多了，就會因為這種執教風格而出現一些反彈的聲音。

當費奇於1980-81年球季帶領塞爾提克隊拿下總冠軍後，球迷理所當然認為他應該延續這項冠軍成績及文化，因此當1982-83年球季球隊在季後賽失利時，費奇這種專制的帶隊風格，就成了球

迷及部份球員責難的目標，也因為這項因素，使得費奇最後離開了這支自己打造的冠軍隊。

然而，球隊主將柏德曾在自己的著作中如此評論費奇，柏德認為：「費奇是位偉大的教練，給予自己不少的正面導引，更是自己打球風格強悍的原因之一。」專制管理就像一把雙面刃，而費奇絕對是這把雙面刃最佳的詮釋者。

K・C・瓊斯

K.C. Jones

簡介
2×NBA總冠軍、NBA全明星賽、NBA最佳教練、NBA 15大教練
勝場
例行賽774場（552勝252負，67.4%勝率）
代表球隊和球星
塞爾提克隊（1983-1988）
賴瑞・柏德（Larry Bird）、凱文・麥克海爾（Kevin McHale）、
羅伯特・派瑞許（Robert Parish）

K・C・瓊斯1932年出生於德克薩斯州，學生時代開始打籃球，在舊金山大學時，他有位隊友叫作比爾・羅素（Bill Russell），他們聯手稱霸了大學籃壇，拿下NCAA的冠軍，更創下55連勝的歷史紀錄，二人更攜手代表美國隊，拿下1956年墨爾本的奧運金牌。

瓊斯畢業後加入了NBA波士頓塞爾提克隊，再次與羅素成為隊友，在其九個球季的職業生涯中，瓊斯就拿下了八次總冠軍，並列為史上總冠軍數第三名。

瓊斯於1967年退休後，成為一名大學教練。擔任了幾年的大學教練後，1971-72年球季他回到NBA湖人隊擔任助理教練，就像天生有著贏家運一樣，這個球季球隊創造了史上最長的33連勝，瓊斯最終更以助理教練的身份，隨隊拿到了1972年的總冠軍。

之後，瓊斯輾轉在幾支球隊擔任教練，1978年又回到塞爾提克隊擔任助理教練兼球探。當時，在「紅頭」奧拜克（Red Auerbach）的授權下，瓊斯經常投入在各大學籃壇中，為未來球隊的選秀作觀察。

在印第安納大學，他看見了一位白人前鋒，體能雖然不出色，卻有著超乎所有人的球商及對比賽的預測力，瓊斯將這份球探報告帶回了球隊，最終球隊以第三順位得到了這名球員，他正是賴瑞・柏德（Larry Bird）。

有了柏德，瓊斯於1981年再次以助理教練的身份拿到了總冠軍，1983年他接替了原先的總教練比爾・費奇（Bill Fitch），成為球隊的總教練，並率領這支球隊再次拿下了1984及1986年的總冠軍。在擔任這支球隊總教練的五個球季中，瓊斯帶隊四次打入總決賽，並拿下兩次總冠軍，帶隊成績相當耀眼。

2021年在NBA 75週年時，瓊斯被選為NBA史上的15大教練之一，也為其為期不長的NBA總教練生涯，確立了不可抹滅的肯定。

民主管理

1981 年的 NBA 總冠軍，波士頓塞爾提克隊總教練費奇，以專制的軍事化管理聞名，這種帶隊風格往往能將一支原先鬆散的球隊帶向強盛，卻也可能因為人和的關係，造成球隊內的人事風暴。因此，費奇於 1983 年就因為隊內爭議而離開了球隊。

有趣的是，接替費奇總教練職務的，正是以「民主」聞名的原助理教練瓊斯，一個專制一個民主，二人的帶隊風格形成了強烈的對比。

瓊斯是位重視及尊重每位球員想法的教練，他願意傾聽每位球員的心聲，並能有效地凝聚出每位球員的共識，讓球員更願意打從心底投入比賽。即使一向推崇費奇執教風格的柏德也承認，瓊斯有其獨特的能力，能夠有效改善隊內的氣氛及文化。

這裡有一則趣聞，曾在一場比分拉鋸的比賽中，在最後的關鍵時刻，瓊斯叫了暫停並拿出戰術板準備部署時，柏德卻打斷了他的部署說：「將球交給我，然後清開空間就對了。」幽默的瓊斯立刻回嗆：「我是總教練，現在是我在發號施令。」接著就搶下了發言權說：「將球交給柏德，然後幫他清開空間就對了。」由此可看出瓊斯的率隊風格有多隨和及民主，並很重視隊內成員的和諧。

民主式的管理、重視球員的想法及意志，並致力凝聚全隊的共識，而非以教練一人的判斷為尊。瓊斯的人格特質友善且溫暖，無疑是這套執教風格的最佳代言人。讓球隊像一個大家庭，尊重隊內主力球員的意志，也重視隊內綠葉球員的發揮空間，這樣的帶隊風格，讓瓊斯成功帶隊拿下二座總冠軍，成為1980年代最成功的教練之一。

帕特・萊利
Pat Riley

簡介

5×NBA總冠軍、NBA全明星賽、NBA最佳教練、NBA 10大教練、NBA 15大教練

勝場

例行賽1904場（1210勝694負，63.6%勝率）

代表球隊和球星

湖人隊（1981-1990）

魔術強森（Magic Johnson）、天勾賈霸（Kareem Abdul-Jabbar）、

詹姆斯・渥錫（James Worthy）

帕特・萊利1945年出生於紐約，學生時代開始從事籃球運動，高中及大學皆為校隊的一員。1967年萊利以第七順位加入聖地亞哥火箭隊，特別的是，運動表現不錯的他，同時還被NFL第十一順位的達拉斯牛仔給選中。最後，萊利選擇了他喜歡的籃球。在打了三個球季後，萊利於1970年擴張選秀的交易來到了湖人隊，並隨隊拿到了1972年的總冠軍，之後於1976年從球員身份退休。

1977年，萊利回到湖人隊擔任播音員，並於1979年成為球隊的助理教練。1979年的NBA選秀，球隊以第一順位得到了魔術強森，再加上原先陣中的主將天勾賈霸，讓這支球隊充滿了競爭力。就在1979-80年球季，球隊拿下了1980年的總冠軍，萊利則以助理教練的身份參與了這座冠軍。

1981-82年球季，因隊內的矛盾，魔術強森提出了交易請求，因為他不願意為原先的總教練保羅・威斯海德（Paul Westhead）效力。為了留下魔術強森，最終球隊送走了威斯海德，並由原先的助理教練萊利成為臨時教練，而這個「臨時」最終成就了球隊的強大。1982年，萊利就率領著這支紫金大軍拿下了球隊在1980年代的第二座總冠軍。

同年球隊得到了選秀狀元詹姆斯・渥錫，讓球隊同時擁有中鋒賈霸、後衛魔術強森及前鋒渥錫，三人都是狀元身份進入NBA的明星球員。這陣容充滿了天賦及魅力，而萊利更著手將這支球隊打造成球風華麗、進攻快速的明星球隊，他們的比賽風格「Show Time」，更與洛杉磯這座城市形象相得益彰，成為1980年代最成功、也最具魅力的球隊。

萊利從1981-82年球季正式成為湖人隊的總教練開始，就連續四年率領球隊打入總冠軍賽，並拿下了1982及1985年的總冠軍。

1987年時，萊利率領的這支於1980年代拿下三座總冠軍的湖人隊，已經被認為是當代最好的球隊，他們全季打出了65勝17負的佳績，最終更於總冠軍賽中與另一支1980年代最佳球隊波士頓塞爾提克隊相逢，最終以六場比賽拿下了1987年的總冠軍。1988年，球隊延續了這股氣勢完成二連霸，為當時NBA近二十年中，第一支成功完成衛冕的球隊。

到了1989年，球隊的隊長賈霸已經超過了四十歲的待退之齡，這個球季，他們仍然拖著日漸老化的陣容，再次殺入了總決賽。然而，在總決賽卻不敵年輕、強悍又粗暴的底特律活塞隊。球季結束後，賈霸宣布了退休，而萊利亦於1990年球季辭掉了總教練一職，這支1980年代最偉大的球隊也在此走下了巔峰。

離開湖人隊後，萊利擔任了一年的電視評論員，之後於1991-92年球季，成為紐約尼克隊的總教練。萊利將尼克隊打造為防守強悍的勁旅，帶隊打出隊史最佳戰績，並於1993-94年球季打入總決賽。1995年萊利轉戰到了熱火隊擔任總教練，同時接管球隊營運，開始著手球隊陣容的提升，帶領著熱火隊逐漸成為一支強豪。

2002-03年球季，萊利曾短暫卸任教練一職，並於2005-06年球季再次復出，此時球隊有著超級新秀德韋恩·韋德（Dwyane Wade）及超級中鋒俠客·歐尼爾（Shaquille O'Neal），萊利就在這個球季為熱火隊拿下了隊史第一座總冠軍。2008年萊利再次離開教練崗位，專心於管理階層。2010年，萊利成功將全明星雷霸龍·詹姆斯（LeBron James）及克里斯·波許（Chris Bosh）招攬至隊中，與韋德組成轟動全聯盟的三巨頭，球隊連續四年打入總決賽，並完成了其中二連霸，打造熱火隊史最輝煌的一頁。

萊利在身為球員、助理教練、總教練及管理階層，都拿下了總冠軍，他在每一個階段扮演每一種角色時，都是總冠軍的強力競爭

者，其在1980年代率領西區湖人隊與東區塞爾提克隊對決的世仇大戲，更被認為是NBA能夠打開國際市場的重要里程碑，而他帥氣的油頭髮型及教父綽號，更讓他成為當代籃球流行文化的代表人物。

Show Time

位於洛杉磯這座媒體重鎮的湖人隊，他們在1980年代擁有總教練萊利、後衛魔術強森、中鋒賈霸及前鋒渥錫，再加上隊內一票優異的進攻箭頭，讓這支球隊的比賽，成為名符其實的「Show Time」（表演時間）！

Show Time戰術的核心靈魂為魔術強森。生涯平均19.5分7.2籃板11.2助攻的魔術強森，不但是NBA史上平均助攻最高的球星，再加上6呎9吋的身高，使他在得分及籃板的表現上，都是歷史上控衛的牛耳。

魔術強森能夠在自己抓下籃板或是控制球權後，就第一時間帶球、同時也帶著全隊隊友推進，擁有優異全場視野，同時又有著用不完的傳球創意，只要隊友能夠跟著魔術強森的步伐往前跑，他就能夠用各種意想不到的方式將球送到每一位隊友的手上，讓每位隊友都有機會秀一下，整場籃球比賽就像一場大型秀。

即使對手能夠及時回防，在陣地戰的對決中，湖人隊陣中擁有明星中鋒賈霸及渥錫等優質鋒線，魔術強森亦能透過切入及跑位來穿針引線，打入極具觀賞性的半場陣地戰。

他們這種具實戰性又具觀賞性的球風，被媒體及球迷稱為「Show

Time」戰術，他們所拿下的每一分不單單只是一分，更多是一種士氣及人氣的表現。湖人隊的Show Time戰術及體系，讓他們成為當代最佳的進攻顯學，球隊的平均得分一直高居全聯盟之首。這套球風，更深深影響了後代的籃球風格。

Show Time戰術的運用，讓湖人隊在1979-91年的十一個球季間，就參與了九次的總決賽，並拿下了五次的總冠軍，無疑是NBA於1980年代中，最成功也最具代表性的王朝球隊。

陷阱防守

Show Time戰術的成功，讓人們常認為萊利所率領的湖人隊是支重攻輕守的球隊，然而實則不然，萊利其實比誰都更強調防守的重要性。

萊利是最早使用1-3-1陷阱防守的教練先驅之一。所謂的1-3-1陷阱防守，是指己方一位球員在禁區的低位中鎮守籃下，一位在高位最先壓迫對方持球球員，另三位則將中間其他空檔補滿。

這在當時是一種相當具有侵略性的防守陣型，透過第一環外線的壓迫防守開始，打亂對手的進攻節奏，中間三名球員則伺機而動轉換防守陣型，只要進攻方誤入了這套防守陷阱，就很容易造成失誤，抑或是被迫在不理想的機會下出手。

這套1-3-1陷阱防守最重要的二個位置，就是兩個1，一位是在高位外線的第一線首防者，一位是在低位禁區的協防者。

前者是球隊防線的閘門，必須在第一時間壓迫對手的持球者，讓對手沒辦法打出想要的節奏，並藉以帶動己方整體防守的氣勢及節奏。後者則必須掌握全場的變動，適時在禁區作出協防，同時必須要溝通其他隊友的防守站位，隨著球的轉移進行防守陣型的調整。

事實上到了 1990 年代，萊利無論是在紐約尼克隊或熱火隊時期，都致力於將球隊打造成一支防守雄師，陣中不但都有諸如派翠克·尤因（Patrick Ewing）及阿朗佐·莫寧（Alonzo Mourning）等防守強悍的明星中鋒坐鎮，外圍更是不乏強悍防守的鋒衛人才，這兩支由萊利所率領的球隊，雖然沒有了 Show Time 的華麗進攻，卻有著 1990 年代最強悍的防守能量，成為當時聯盟中其他球隊進攻時最頭痛的存在。

萊利的名言：「沒有強悍的防守，就沒有總冠軍。」

目標管理

1987年，萊利所率領的這支湖人隊，已經在1980年代拿下總冠軍，同時陣中的明星球員魔術強森、賈霸及渥錫，更是聯盟中最頂尖的球星，同時還有貝倫·史考特（Byron Scott）、A·C·格林（A. C.Green）、麥可·庫珀（Michael Cooper）、麥可·湯普森（Mychal Thompson）等各位置的功能性好手。這支湖人隊被認為是當時最好的球隊，該球季拿下了例行賽65勝17負的戰績，最終更拿下了該球季的總冠軍。

在當年總冠軍的遊行中，萊利就已經為球隊設定了明確的目標：衛冕總冠軍。於是他在洛杉磯市中心遊行時，果決地向市民許下了這個承諾，最後透過全隊士氣的凝聚，成功完成了衛冕的目標。

一直以來，萊利就是一位相當擅常、也敢於擬定目標的人。他在熱火隊時期，就一手策畫並成功將莫寧及歐尼爾等聯盟頂級中鋒收入隊中，成功建立起熱火隊的強盛。

在2010年東區季後賽，當被視為聯盟招牌球星的詹姆斯敗下陣時，一冠求之不得的他，在比賽結束後，罕見地沒向對手致意，就逕直走進了休息室，而詹姆斯走到一半時，就將身上的球衣脫下，消失在鏡頭前。雖然一言不發，卻可以從詹姆斯的背影中，

看出其對勝利及總冠軍的渴望。

萊利看見了這一幕，深信機不可失，立刻將之設為目標，啟動了他的團隊及交易計畫，最終萊利主掌的熱火隊，成功召募了詹姆斯及波許，上演了「The Decision」大戲，加上陣中原有的韋德，組成了當代震驚世人的三巨頭，開啟了熱火隊最輝煌的冠軍霸業。

目標管理著重於目標的可實現、可衡量及時效性，而萊利無論是在總教練抑或是總管的崗位上，往往都能設定及實現他人所不能及的目標，可謂是目標管理的典範。

陣容趨勢

萊利除了是一位優秀的教練及管理階層，同時還是一位引領時代趨勢的先驅。對於陣形的選擇，萊利並非只有一套標準答案，他認為，不同的時代，不同的籃球趨勢，就有不同的最佳陣形。

萊利在1980年代引領湖人隊成為該年代最成功的冠軍之師，當時陣中擁有明星中鋒賈霸，從那時開始，萊利就一直將中鋒這個位置，視為打造一支王者之師的必要條件。

到了1990年代，他所率領的尼克隊，陣中主將為明星中鋒尤因，他將這支球隊打造成防守型球隊，成功打出優異戰績，並打入總決賽。之後他來到熱火隊，立刻啟動交易計畫，得到了明星中鋒莫寧，又一次將這支球隊打造成有著60勝實力的強豪。到了2005年，再著手將歐尼爾搶回隊中，成功拿下2006年總冠軍。

萊利很清楚，那是一個禁區為王的中鋒時代，想打造一支強隊，一位好的中鋒就是建隊根本。

但有趣的是，就在這個中鋒為王的年代，萊利在受訪時就已經表示，未來最理想的陣容是場上五位6呎5吋到6呎9吋的全能球員，能夠在每一次對手擋拆時進攻換防，可以全場跑動，具有控球及切入能力，能夠同時在進攻端創造對手防線的對位麻煩。

神奇的是，經過了二十年，萊利當時所提出的這套籃球陣容理念，如今已經成為籃球世界的顯學。禁區球員及中鋒已不再是強隊所必須的，反而能夠在場上擁有五位機動性的全能型球員，才是這個時代冠軍球隊的樣貌。可以說，萊利不但是位傑出的籃球教練，更是位傑出的籃球觀察家及預言家。

查克 · 戴利
Chuck Daly

簡介
2×NBA總冠軍、NBA全明星賽、NBA 10大教練、NBA 15大教練

勝場
例行賽1075場（638勝437負，59.3%勝率）

代表球隊和球星
活塞隊（1983-1992）
以賽亞‧湯瑪斯（Isiah Thomas）、
丹尼斯‧羅德曼（Dennis Rodman）、比爾‧藍比爾（Bill Laimbeer）

查克‧戴利出生於1930年賓夕法尼亞州，完成大學學業及軍隊服役後，1955年在高中開始他的籃球教練生涯。在高中帶隊八個球季後，1963年來到了杜克大學擔任助理教練。

隨著教練經驗及資歷的積累，戴利於1978年開始投入NBA聯盟，於76人隊擔任助理教練。由於球隊的戰績一直沒有起色，1981年球季他有了一個機會在季中臨時擔任球隊的教練，然而該球季最終沒有獲得成功，最終戴利離開了76人隊。

1983年底特律活塞隊給了戴利一個機會成為球隊的總教練，這支球隊在過去的戰績並不理想，一直是聯盟的後段班。於是戴利抓住了這個機會，逐步為這支球隊找到以強悍防守為本的建隊思維。

球隊中有著以賽亞・湯瑪斯、比爾・藍比爾、丹尼斯・羅德曼、喬・杜馬斯（Joe Dumas）等陣中主力球員，每位都有自己不凡的防守絕技，讓每支來犯的球隊充滿壓力。靠著強硬又粗暴的防守風格，甚至經常將對手守到受傷，讓球隊成為聯盟中他隊人人懼怕的新興強權。

在1983-1992年間，戴利帶領底特律活塞的九個球季，他們都打入了季後賽，更拿下三次東區冠軍，以及完成1989年及1990年的二連霸。戴利成功讓這支過去聯盟的邊緣球隊，進化成為一支人人畏懼的強悍防守型冠軍隊。

1992年的奧運會，戴利被任命為美國國家隊的總教練，率領這支有著喬丹、魔術強森及柏德等偉大球星的「夢幻一隊」，最終戴利不負眾望，以平均勝分43.8分的全勝之姿拿下金牌，這支球隊更被譽為籃球史上最偉大的存在。

在戴利退休多年後，為了紀念他的傳奇執教生涯，NBA更以其名成立了一座終生成就獎，以表揚在籃球世界有著優異貢獻的人。

毀滅防守

戴利於1983年開始率領活塞隊時，就著手將這支球隊打造成一支防守雄師。這支球隊以1981年加入的湯瑪斯為隊長，並開始招兵買馬，得到了防守不擇手段的中鋒藍比爾、籃板王羅德曼、聯盟第一打手里克‧馬洪（Rick Mahorn），以及防守優異的鐵衛杜馬斯。

這一票防守慓悍的球員，讓這支球隊在防線上毫無破綻，成為一支聯盟中的防守雄師，而更可怕的是，他們的防守往往不擇手段，為了能更強硬地守下對手，他們的防守經常不只是擋下球，而是在毀滅人。他們可能在對手上籃時直接一掌打在對方臉上，甚至直接從空中將對手拽到地面。

因此，對於聯盟中其他的球隊而言，要挑戰活塞隊的籃框必須很帶種，要冒著受傷的風險完成進攻，輕則見點血光，嚴重可能就面臨報銷的成本。這也讓當時的活塞隊，成為人人畏懼的窮兇惡極球隊。

連有著惡漢之稱的查爾斯‧巴克利（Charles Barkley）都這樣評價這支球隊：「那些人上場就是為了傷害別人，我過去總是告訴大家，要跟活塞隊比賽前都須先打電話給家人，告訴自己有多愛他們，以免之後沒有機會說了。」

也因為這樣的球隊風格，他們又被稱為壞孩子軍團（Bad Boys Pistons），他們的防守經常在挑戰籃球的規則及尺度，而對手每一次的進攻，除了必須面對強悍的防守對抗外，還需擔心任何突如其來的毀滅式防守。

這支球隊靠著這種肅殺式的防守，在1980年代末期迅速崛起，成為一支足以打敗聯盟中任何球隊的新興強隊，更完成了1989年及1990年的二連霸，成就了底特律活塞隊最強悍的一段隊史。

喬丹法則

隨著1980年代末期底特律活塞隊的日益壯大，他們成為了東區的新興強權，更有成為東區霸主的潛能。然而此時的東區，除了活塞隊外，喬丹率領的公牛隊也迅速崛起，喬丹幾乎霸占了每一年的得分王，囊括了聯盟中大大小小的獎項，更被視為聯盟的招牌。

喬丹在當時的進攻能力，被認為幾乎是不可能憑一己之力守下的，要防住喬丹，一般的防守思維已經不夠用了，於是戴利為此設計了一套防守戰術「喬丹法則」。

喬丹法則的基礎概念很明確，就是要針對喬丹建構一套防守體系，不管喬丹有沒有持球，防守球員就是必須強硬地去撞擊他，不停地用肢體挑戰他，並以其為目標快速地變化防守陣勢和協防，讓喬丹連要拿到球都不容易，就算拿到球有了出手機會，也一定是在一種失去平衡又艱困的環境中出手。活塞隊會採用各式各樣的毀滅式防守，二人、甚至三人、四人包夾喬丹，再用盡各種合理及不合理的防守手段，將喬丹從空中擊落至地面。

這套法則的設計就是針對喬丹及公牛隊，過去公牛隊的球權及出手權幾乎都是圍繞著喬丹，因此只要將喬丹給困死，這支球隊就像失去了唯一的武器，只能繳械投降。當時的活塞隊確實也證

明了，聯盟中無人守得住的喬丹，最終還是衝不出喬丹法則的禁錮。

這套防守戰術，成為喬丹1980年代的緊箍咒，讓喬丹幾乎能打敗聯盟所有球隊的個人單打及得分能力，偏偏過不了活塞隊這關，也延後了喬丹的封神之路。而這套防守法則，也成功讓底特律活塞隊成為1980年代末的二屆王者。

不暫停戰術

「暫停」是籃球比賽中戰術及規則的運用之一，幾乎大部份場上臨時的戰術安排，是透過暫停後的短暫時間，來進行布陣及安排的。暫停亦可給己方隊員一個稍作喘息及回神的時間，因此，「暫停」是一種籃球比賽的規則，也是一種戰術的運用，有效運用暫停，往往是決定比賽勝負的重要因子之一。

有趣的是，「暫停」是一種戰術，但「不暫停」也是一種戰術。在最後的決勝關鍵期，如果教練對於自己場上球員的應變有信心，就可以選擇「不暫停」，一來讓己隊的球員在場上臨場應變決定比賽，二來也不給對手有喘息的機會。

因為不暫停的同時，也讓對手失去了布陣及重振旗鼓的機會，因此，不少優秀的教練及球隊，經常會採用這種「不暫停」戰術，相信自己在場上的球員，讓他們自己在場上決定接下來比賽的走向。

雖然暫停會給予對手部署及休息的機會，然而幾乎沒有一支球隊會在整場比賽中，一次暫停都不使用的。

但在籃球歷史上，就曾有一支球隊，不是在一場比賽中沒使用暫停，而是在整個系列賽的八場比賽中，都不使用暫停，這支球隊

便是 1992 年由戴利所領軍的「夢幻一隊」。他們在奧運賽中以平均勝分 43.8 分的八連勝之姿拿下了金牌。

這支傳奇的不敗夢幻隊，在八場比賽中一次暫停都沒使用，因為根本沒有必要，也讓這支夢幻隊，成為不暫停戰術的經典個案。

菲爾‧傑克森
Phil Jackson

簡介
11×NBA總冠軍、NBA全明星賽、NBA最佳教練、NBA 10大教練、NBA 15大教練
勝場
例行賽1640場（1155勝485負，70.4%勝率）
代表球隊和球星
公牛隊（1989-1998）
麥可‧喬丹（Michael Jordan）、史考提‧皮朋（Scottie Pippen）、
丹尼斯‧羅德曼（Dennis Rodman）
湖人隊（1999-2011）
俠客‧歐尼爾（Shaquille O'Neal）、柯比‧布萊恩（Kobe Bryant）

菲爾‧傑克森出生於1945年，學生時代開始從事運動，在籃球、足球及棒球等各領域，都有不錯的表現。上了大學之後，他被召募到NCAA的北達科他大學打籃球，並在大學時期有著不錯的表現。

畢業後，傑克森投入了1967年的NBA選秀，在第二輪被紐約尼克隊選中，開始了職業籃球生涯。然而，傑克森的進攻能力並不足以為他帶來太多的上場時間，但傑克森不錯的球商及防守能力，使他能夠進入球隊主要的輪替陣容中，並隨著紐約尼克隊拿到了1970年及1973年二座總冠軍。

在以球員的身份退休後，傑克森延續其籃球職業，來到中國CBA

及波多黎各等國擔任教練的工作，還曾於CBA拿下了總冠軍及年度最佳教練等殊榮，並一直尋找能夠回到NBA工作的機會。直到1987年，他得到了一個機會，成為芝加哥公牛隊的助理教練，並於1989年成為球隊的總教練。

在擔任總教練的初期，傑克森結識了球隊的助理教練泰克斯．溫特（Tex Winter），溫特對於籃球戰術的運用相當有心得，並提倡「三角戰術」的進攻系統。在當時這套戰術並非顯學，更沒有成功案例的佐證，然而傑克森了解這套戰術的精神後，就立刻成為這套戰術的擁護者。

當時球隊擁有聯盟得分王麥可．喬丹，在聯盟中幾乎已無任何一個球員能夠一對一守住他，然而喬丹再強，球隊還是仍然難以成為一支爭冠球隊。而三角戰術的重點，便在於讓喬丹放棄單打獨鬥，而是成為一支團隊中的領袖，再將隊友都帶入整支團隊的戰力中。

最終，喬丹接受了傑克森的建議，捨棄個人英雄主義，開始以團隊戰力的凝聚為重。1990-91年球季，隨著團隊戰力的重塑，史考提．皮朋成為了球隊的第二人，加上其他隊內球員的成長，這支球隊迅速成為一支團隊型強隊，並成功在東區擊敗了他們的死敵底特律活塞隊，打入了總決賽，迎戰曾在1980年代拿下五座總冠軍的湖人隊。喬丹與魔術強森的對決，更成為當時體壇最大的焦點，最終公牛隊以4：1拿下了隊史第一座總冠軍。

而這並非這支偉大球隊的終點，之後傑克森與喬丹再次率領球隊拿下了1992年及1993年總冠軍，完成了三連霸。

1993年喬丹短暫退休及復出後，球隊簽進了丹尼斯‧羅德曼，補足了籃板及禁區防守的拼圖，再次拿下了1996年及1997年的總冠軍。

1997-98年球季，傑克森由於與球隊總管傑瑞‧克羅斯（Jerry Krause）關係不睦，因此被宣告無論這個球季的表現如何，都會是傑克森擔任公牛隊總教練的最後一個球季。雖然當時球隊內部有著人和及傷兵的問題，傑克森與喬丹仍然成功完成了最後一舞，拿下第二次的三連霸總冠軍。傑克森依約離開了公牛隊，而喬丹則選擇了第二次退休。

1999年，名滿天下的傑克森被召募到了湖人隊，成為總教練。這支球隊陣中擁有當時聯盟第一中鋒俠客‧歐尼爾及明星後衛柯比‧布萊恩，可是卻始終找不到爭冠的方法。於是傑克森將三角戰術帶入了球隊，成功為球隊找到了贏球方程式，第一個球季就打出了67勝15負的聯盟最佳戰績，一路拿下了2000年的NBA總冠軍，並且維持著這股戰力，於2001年及2002年再次奪冠，拿下了執教生涯的第三次三連霸。

2003-04年球季，隨著球隊內部的問題，在球季結束後傑克森短暫離開了球隊，而歐尼爾也被交易出去，離開了球隊。

2005年戰績觸底的湖人隊，再次找回了傑克森，並於2007-08年球季透過交易得到了保羅‧蓋索（Pau Gasol），傑克森則再一次為這支球隊重新打造了團隊系統，最終他們再次拿下了2009年及2010年的總冠軍。

總計傑克森的執教生涯，一共完成了三次三連霸，一次二連霸，十一座總冠軍，而他和喬丹於1990年代打造的公牛王朝以及2000年後的湖人紫金王朝，更是NBA史上如神話般的二大王朝球隊。

禪師哲學

1997-98年球季為喬丹於公牛隊的最後一個球季，然而因為傑克森與管理高層的矛盾，即使傑克森已經為球隊拿下了五座總冠軍，公牛隊的管理階層並不願意讓傑克森再繼續擔任球隊的總教練。

而球隊的第一人喬丹卻毅然決然表示：「我只願為傑克森打球。」沒有傑克森，就沒有這支球隊。也因為如此，才有了喬丹與傑克森聯手拿下的二次三連霸傳奇。從這段故事也可看出，傑克森有其身為教練的獨特魅力。

傑克森對於禪宗等東方哲學頗有研究，更將不少的禪學觀念融入自己的執教風格，故有著「禪師」的外號。

不同於其他妄想控制一切的教練，傑克森主張，最好的球隊組織系統，應該要能夠自主運轉，而非過度地控制。一支最強的球隊，絕非去蒐集所有聯盟最好的球員，而是應該讓球隊陣中的每一位成員，都能夠找到最適合的角色及定位。同時，每一位成員也應該培養自己的領導力及創造力，不能只是成為一名跟隨者。

傑克森的禪師哲學認為，不要企圖將球員改造成自己想要的模樣，而是應該協助球員自發性地做出改變。同時，球場上瞬息萬

變，球員遇到狀況，也不應該由教練為每一次的狀況找到解方，反而應該讓球員習慣自己去找到解方，這樣更能培育出球隊的團隊思考。在比賽中，體能與心靈一樣重要，場上的每一位球員都應該要扮演好場上角色，而非被記分板所惑，有時候能夠拿下勝利的正是可以忘掉勝負的球隊。

一般普遍認為傑克森相當善於提升球員的心靈素質，更善於讓一般球員提升為好球員，再讓好球員成為偉大的球員，傑克森曾說：「團隊力量源自每位隊員，而每位隊員的力量源自團隊。」

三角戰術

公牛隊最強大的對手活塞隊的比爾・藍比爾曾說：「在喬丹學會團隊打法之前，我們一直打爆他，直到公牛隊有了三角戰術。」

三角戰術的創始人為山姆・貝瑞（Sam Barry），他同時亦是公牛隊助理教練溫特的戰術啟蒙教練，後來溫特擔任公牛隊助理教練時，就將這套三角戰術帶進了公牛隊及總教練傑克森的思維，而傑克森也如獲至寶般地將三角戰術完全融入了公牛團隊。

「三角戰術」的基本進攻原理很簡單，就是在每一次的進攻中，由三位球員於「強邊」建構起一個三角型的站位，這三個角分別為低位、底角及側翼，而位於接近禁區低位的這名球員，通常為主要攻擊手，1990年的公牛隊這個位置就是屬於喬丹。配合著底角及側翼的兩位隊友，三人跑出各式各樣的進攻模式及變化，以破壞防守者的防守位置，創造出更好的出手空間。

在當時已經蟬連多屆得分王的喬丹，最初相當排斥這套重視團隊配合的三角戰術，因為對他而言，自己帶球就能夠突破得分，又何必打出戰術配合。直到最後喬丹認同了這套戰術，球權不再過度集中於他的手上，才讓這支球隊成為冠軍之師。

通常位於低位的喬丹會與另二角面對面要球或持球，因此在視線

上能夠很清楚掌握所有隊友的動向，也能互相配合牽制防守者的協防，以拉開更大的進攻空間，讓喬丹得以透過低位的強打或跳投拿下分數。

這套戰術的完善，必須有低位的單打手、高位的策應，以及能夠拉開空間的外線等球員。這「強邊三角」並非進攻的全部，當這三角有所滯礙時，則「弱邊」的另二名球員，就必需扮演即刻接應的角色，透過二人配合來完成另一波進攻。強邊不成換弱邊，以尋求全體攻勢的構成，找到最適當的進攻位置。

三角戰術 II

三角戰術的執行可由隊中的任三人組成，形成強邊的三角，通常這三角會包含隊中最具進攻威脅力的二人，再搭配另一名隊友來形成三角。在公牛隊時期，通常是由喬丹及皮朋為核心，再搭配第三名隊友來構成。當傑克森成功以三角戰術於1990年代完成了二次三連霸後，1999年他將這套戰術帶到了湖人隊。

不同於公牛隊時期的三角戰術，這支湖人隊不但在後場擁有柯比・布萊恩，更在禁區的低位擁有聯盟第一中鋒俠客・歐尼爾，能夠於禁區以一人之力牽制多名防守方球員，再由布萊恩於外線進行突破來撕裂防線，打出與公牛隊截然不同的三角戰術。

三角戰術並非一套死板的固定戰術，而是提供了一個框架雛形，讓球隊能夠在這個三角框架中發揮臨場創意。三角戰術重視低位主攻手的牽制，有了歐尼爾及布萊恩為核心打出的三角戰術，無疑成了當時最難解的存在，不但在傑克森執教湖人隊的第一個球季就拿下了總冠軍，更成功完成了二次衛冕，拿下三連霸。

2007-08年球季，球隊透過交易得到了灰熊隊主將蓋索，與原先陣中的球星布萊恩搭配三角戰術，不同於以歐尼爾低位為主的三角戰術，蓋索雖然不具有歐尼爾無解的低位破壞力，但他卻擁有更為傑出的團隊策應力，能夠理解並將三角戰術團隊合作的部份

發揮得更佳，再以布萊恩強大的突破及得分能力為武器，完成了
2009年及2010年的二連霸。

傑克森於1990年代為公牛隊拿下六座總冠軍，再於2000年後為
湖人隊拿下五座總冠軍，使用的並非什麼繁複的戰術，而是以三
角戰術為基礎，再搭配不同的主力球員，演化出不同的三角戰術
樣貌。傑克森的成功，也讓三角戰術成為最知名也最成功的冠軍
戰術。

盒子戰術

傑克森的執教生涯中，曾經帶過如喬丹、歐尼爾及布萊恩等超級球星，他比任何人都清楚，一位強大的球星，對於比賽的影響力有多大。因此，如何有效地限制對手的超級球星，就成了一項重要的防守任務，而傑克森針對對手王牌的防守，即為盒子戰術（Box One）。

盒子戰術是一種人盯人防守及區域聯防相結合的戰術，讓己方陣中防守最強的一位球員，一對一盯住對方進攻最強的球星，另四位隊友則形成區域聯防，並隨時作好協防的動作，即使對方的主力球星突破一對一的盯防，也勢必得面對另四人的聯防。

這套防守戰術的主要目的，就是限制住對手最強的球員，用一對一的盯防，緊迫盯人地壓迫。對手王牌走到哪就跟到哪，讓他連想要拿到隊友的傳球都很不容易，更不用說創造得分機會。

1991年傑克森第一次率領公牛隊打到了總冠軍賽，對手是由魔術強森所率領的湖人隊，這支球隊已經在1980年代拿下了五座總冠軍，是支名符其實的王朝球隊。在冠軍經驗的差距下，總決賽的第一場比賽，由魔術強森主導攻勢的湖人隊拿下。

想要贏下比賽打敗湖人隊，就勢必得先封鎖魔術強森，於是第二

場比賽傑克森立刻啟動了盒子戰術，讓己方陣中的防守大鎖皮朋擔任己方防守箭頭，負責一對一盯防魔術強森。

在第二場比賽，皮朋從比賽開始就死死地咬住魔術強森，讓魔術強森每次的控球或持球，都必須付出極大的代價，甚至出現球運不過半場的失誤，成功透過這防守戰術，打亂了湖人隊的進攻節奏。

最終，公牛隊就在這套戰術的封鎖下，一連拿下了四連勝，得到了隊史的第一座總冠軍，更拉開了公牛王朝的序幕。

唐・尼爾森
Don Nelson

簡介
NBA 全明星賽、NBA 最佳教練、NBA 10 大教練、NBA 15 大教練
勝場
例行賽 2398 場（1335 勝 1063 負，55.7% 勝率）
代表球隊和球星
勇士隊（1989-1995）
克里斯・穆林（Chris Mullin）、提姆・哈德威（Tim Hardaway）、
米契・里奇蒙（Mitch Richmond）

唐・尼爾森生於 1940 年伊利諾伊州的農場，第一次投籃是在一處
養雞場，並在學生時代開始投入籃球運動。離開校園後，尼爾森
於 1962 年以第十七順位進入了 NBA，並透過交易來到波士頓塞
爾提克隊。雖然場上的主宰力不高，但尼爾森擁有很高的球商，
是位重要的角色球員，更經常跟在總教練「紅頭」奧拜克身邊，
學習不少執教及戰術智慧，也隨隊拿到了四座總冠軍。

1976 年從球員身份退休的尼爾森，成為了公鹿隊的總教練兼管理
層，有權重組球隊陣容。善於打造新戰術的尼爾森，更首創了控
球前鋒的思維，以創造場上球員對位上的錯位，打亂對手防線。
尼爾森很快將這支球隊帶上軌道，於十年間九次打入季後賽，更
拿下了 1983 年及 1985 年年度最佳教練的肯定。

1988-89年球季，尼爾森來到勇士隊擔任總教練。由於當時陣中並無優秀的內線長人，善於創新的尼爾森立刻劍走偏鋒，打造了「小球戰術」，完全放棄內線為主的陣容，將球隊大部份的球權交給陣中的小個子，並以克里斯・穆林、米契・里奇蒙、提姆・哈德威等外線球員為主，打出了以速度及外線為主的快速進攻，意外地為這支球隊找到了強大的能力，並於1991-92年再次拿到年度最佳教練。

之後，尼爾森曾短暫執教尼克隊，並於1996年來到小牛隊擔任總經理及總教練。1998-99年球隊透過交易得到了德克・諾威斯基（Dirk Nowitzki）這名新秀，再搭配同樣是交易換得的史蒂夫・奈許（Steve Nash），這支球隊迅速就找到方向，幾乎每一季都是聯盟中的強力競爭者。

尼爾森被認為是一名極傑出的戰術創新者，他創造了「控球前鋒」、「小球戰術」及「駭客戰術」等新思維，在其三十一年的執教生涯中拿下了1335勝，高居史上第二。雖然，尼爾森從未拿到總冠軍，然而其創新多變的執教風格，被認為是現代多元籃球戰術的重要推手之一。

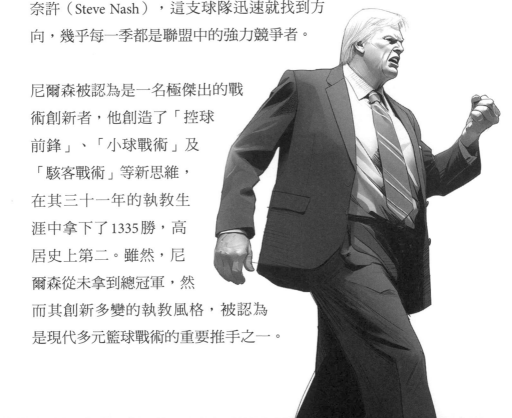

小球戰術

1988-89年球季，尼爾森剛接任勇士隊總教練時，球隊陣中有著明星射手穆林、明星得分後衛里奇蒙，再加上第二年入隊的控球後衛哈德威，讓這支球隊的後場充滿了魅力及火力，足以在後場與聯盟中的任何一支球隊爭雄。然而，這支球隊卻沒有任何一位夠優秀的禁區球員，成了這支球隊陣容上最大的破綻。

在正常的思維下，球隊應該想辦法補強禁區戰力，然而尼爾森的做法並非如此，反而是極端地放棄以禁區為主的傳統思維，將所有的球權及進攻權都放在後場的三位明星球員身上，完全以「小球戰術」進攻，不再拘泥於補足禁區的弱點。

所謂的小球戰術，就是不局限於傳統陣容中需要優秀大個子的陣容，反而採用小個子球員為主，再將所有的進攻主軸都交給這些小個子球員發揮。透過速度及球的流轉，製造大量快攻及錯位的機會，同時亦能帶來更多的外線出手空間及機會。

這支勇士隊陣中的穆林、里奇蒙及哈德威，都是具有一定速度、控球助攻及外線能力的後場球星。三人打出的小球戰術又被球迷暱稱為 TMC Run Gun。由三人打出的小球快攻，華麗又多變，三人場均都超過20分，而這套小球戰術的速度、效率及場均得分，都是聯盟第一。

不過，小球戰術雖然將球隊的進攻火力提升到聯盟牛耳，然而在防守及失分的表現上，也在聯盟中敬陪末座。雖然是支可以打入季後賽的強隊，卻始終不是一支冠軍之師。然而不可否認地，這套戰術確實為缺乏優秀禁區長人的球隊，找到了一個贏球的方向。

後來就有人將小球戰術命名為 Nellie Ball，以致敬尼爾森這位小球戰術的創始者。

駭客戰術

於禁區為王的時代中，擁有一名在禁區具有絕對統治力的中鋒，就能在攻守兩端擁有最堅實的力量，而當代第一中鋒俠客‧歐尼爾，就被認為是當時一個無解的存在，其禁區的破壞力，是沒有辦法用任何正統的方式來有效防守的。

那怎麼辦？尼爾森為了在對陣歐尼爾時守住他，想到可以從其最弱的項目「罰球」來下手，於是就發明了「駭客戰術」。

駭客戰術的原理很簡單，就是犯規戰術的極致運用。將對手中具有最強大得分力、卻罰球命中率不高的球員，故意透過犯規將其送上罰球線。而這套戰術針對的苦主正是歐尼爾。歐尼爾的生涯投籃命中率是高達 58.2% 的可怕水準，然而其罰球命中率卻低到可憐的 52.7%。因此尼爾森認為，與其讓歐尼爾在禁區肆無忌憚地轟炸，不如將他送到罰球線上，讓他試試手氣，也順便挫挫他的銳氣。

這套戰術雖然一開始是針對歐尼爾，然而在尼爾森採用成功之後，也被廣泛運用於聯盟其他罰球命中率不高的球員身上，成了一種聰明的選擇性犯規戰術，以駭客戰術將對手中最不擅常罰球的球員給送上罰球線。

這套戰術當初開始使用時，有不少傳統派的教練表示反對，認為這有違原先的籃球哲學，甚至是一種小丑行為。搞笑的尼爾森不但不以為意，還曾經故意在對上歐尼爾的比賽中，戴上小丑鼻子上場執教搞笑，歐尼爾一看到就立刻大笑，還把這個紅鼻子搶了過來，戴在自己的鼻子上。

名教練格雷格・波波維奇（Gregg Popovich）對此戰術的看法是：「若有球員不擅長罰球，那是球員的問題，可以禁止駭客戰術，但總得拿出其他條件來換。」球星凱文・杜蘭特（Kevin Durant）則說：「告訴那群被駭者，想破解這套戰術最簡單的方式，練好罰球。」

魯迪・湯加諾維奇
Rudy Tomjanovich

簡介
2×NBA 總冠軍、NBA 全明星賽
勝場
例行賽 943 場（527 勝 416 負，55.9% 勝率）
代表球隊和球星
火箭隊（1991-2003）
哈基姆・歐拉朱旺（Hakeem Olajuwon）、克萊德・崔斯勒（Clyde Drexler）

魯迪・湯加諾維奇 1948 年出生於密西根州，學生時期開始從事籃球運動，大學時期已經有著不錯的場上表現。畢業後，1970 年湯加諾維奇於第二順位被聖地亞哥火箭隊選中，在其十一年的職業生涯中曾五度入選全明星。

1981 年退休後，湯加諾維奇被火箭隊聘任為球探及助理教練，1992 年原先球隊總教練辭職後，湯加諾維奇成為了臨時總教練，並在該季帶領火箭隊打入季後賽後，正式成為火箭隊總教練。

湯加諾維奇很快為這支球隊找到了贏球模式。1993-94 年球季，他們拿下了 58 勝 24 負的佳績，球隊陣中的明星中鋒哈基姆・歐拉朱旺更被選為年度 MVP 及年度最佳防守球員。在該年季後賽中，球隊延續著氣勢，一路打入了總決賽，對上了紐約尼克隊的另一明星中鋒派翠克・尤因（Patrick Ewing），在血戰了七場

後，拿下了隊史的第一座總冠軍。

1994-95年球季，球隊於例行賽的狀態並不好，戰績起起伏伏，於是他們在季中透過交易，得到了明星後衛克萊德・崔斯勒，這球季例行賽球隊最終只拿到了47勝35負的西區第六戰績，季後賽並不具有任何的主場優勢。

然而在季後賽中，這支球隊卻猶如倒吃甘蔗般，愈打愈像一支強大的衛冕冠軍隊，在西區決賽中，歐拉朱旺對上了由明星中鋒大衛・羅賓森（David Robinson）所率領的馬刺隊，最終以4：2過關闖入總決賽。

總決賽的對手為由明星中鋒俠客・歐尼爾率領的魔術隊，系列賽前，球評及球迷普遍看好魔術隊將成為最後的冠軍。第一場比賽的前半段，也正如球評所述，火箭隊曾經落後高達20分，最終卻在延長賽驚奇地拿下第一勝，延續著這股氣勢，更在系列賽再連下三城，完成了4：0的橫掃，拿下了總冠軍二連霸。

這支球隊成為史上順位最低、最不被看好的一支冠軍隊，總教練湯加諾維奇在拿下總冠軍受訪時說：「永遠不要低估冠軍的心。」成為了冠軍史上最經典的語錄之一。

裡應外合

在1990年代的NBA戰場，是NBA籃球史上中鋒戰力最鼎盛的年代，有著四大中鋒之稱的歐拉朱旺、尤因、羅賓森及歐尼爾，則是這個時代禁區的代表人物。這是一個禁區兵家必爭的時代。

湯加諾維奇於1991年成為火箭隊總教練，球隊擁有四大中鋒之一的歐拉朱旺。歐拉朱旺能攻能守，湯加諾維奇很快確定了以歐拉朱旺為球隊攻守核心的戰術基礎，採用了Inside-Out的「裡應外合」戰術。

這套戰術的破壞力，必須立足於陣中擁有一位具有足夠主宰力的內線球員，這位球員除了必須有足夠的進攻能力外，更需要一定程度策應隊友及分球的能力，再搭配多位具有外線及跑位能力的隊友，構成這套戰術的執行。

擁有歐拉朱旺的火箭隊，最常採用的戰術正是這套Inside-Out，讓歐拉朱旺於強邊低位要球，而控球的隊友則需負責帶球來到強邊，餵球給他。此時弱邊則站著其他準備接應的隊友，當歐拉朱旺於低位拿到球後，即可開始啟動其低位進攻腳步，完成低位的禁區強攻。如果此時對手發動包夾，火箭隊的其他隊友就會立刻開始跑位及尋找空檔，讓歐拉朱旺能夠在強攻之外，還有多個路徑分球。

透過歐拉朱旺在禁區的強大牽制力，球隊能得以不斷地裡應外合，讓球於內線及外線間不停輪轉，以找出對手防線上的破綻，加以擊破。

1994-95年及1995-96年兩個球季，歐拉朱旺的攻守能力來到生涯顛峰，因此當時的火箭隊並不需要設計出過多的複雜戰術，就是一套Inside-Out，以歐拉朱旺為Inside的核心，再搭配上一眾隊友的Out，在禁區為王的時代，打出了史詩級的戰術影響力，完成了二連霸的偉業。

裡應外合的Inside-Out，其實只是籃球的基本戰術，然而正是湯加諾維奇及歐拉朱旺所率領的這支火箭隊，將這套戰術的破壞力發揮到了極致。

傑瑞・史隆
Jerry Sloan

簡介
NBA 15大教練
勝場
例行賽2024場（1221勝803負，60.3%勝率）
代表球隊和球星
爵士隊（1988-2011）
卡爾・馬龍（Karl Malone）、約翰・史塔克頓（John Stockton）

傑瑞・史隆1942年出生於伊利諾伊州，父親在他四歲時過世後，他每日會在凌晨四點半就起床幹活，協助家務，接著步行約三・三公里，於七點到校參加籃球集訓。隨著他對籃球的投入及提升，到了大學時，史隆已經是聯盟裡的最佳球員之一。

1965年史隆參加了NBA選秀，並於1966年的擴張選秀加入公牛隊。在公牛隊的十年職業生涯中，他二次入選明星賽，六次入選年度防守球隊。他所穿的4號球衣則成了公牛隊隊史中第一件退休的球衣。

從球員的身份退休後，史隆開始學習教練及戰術，成為了公牛隊的助理教練，同時也擔任球隊的球探。然而在公牛隊擔任助理教練的三個球季裡，並沒有太傑出的表現。之後他轉會來到了猶他爵士隊擔任助教，並於1988年正式成為球隊的主總教練。

在這裡，史隆漸漸找到了他的執教及戰術模式，也開始更懂得如何贏球。雖然這是一支聯盟中的小城市球隊，無論是媒體關注度還是球星資源都敬陪聯盟末座，然而，史隆與陣中的兩大主力卡爾・馬龍及約翰・史塔克頓攜手，讓這支球隊成為聯盟中的強隊之流，不但連續十六個球季皆打入季後賽，更於 1997 及 1998 連續二年拿下西區冠軍，打入總決賽。

二年總決賽的對手都是由菲爾・傑克森及喬丹領軍的公牛隊，雖然最終都與總冠軍失之交臂，然而這支爵士隊早已被世人所認可，是一支足以問鼎總冠軍的絕對強隊。

史隆在爵士隊執教長達二十三年，是 NBA 中執教同一支球隊最長的教練，生涯拿下的 1221 勝為史上第四。雖然終其一生未能以教練的身份拿下總冠軍，然而史隆能在一支小城市球隊深耕多年，更將其帶向強隊之林，打入總決賽，讓這支原先被人所忽視的球隊，成為當代最強大的總冠軍挑戰者。

擋拆戰術

史隆的執教風格實而不華，也不使用太多繁複及華麗的戰術，而是將一套相當基本的籃球戰術發揮到極致，這套戰術正是「擋拆戰術」。

擋拆戰術是籃球基本戰術的一種，每一支職業球隊都會用到這套戰術，然而能夠真正將這套戰術運用到爐火純青的，在NBA歷史中，最具代表的球星就是由史隆所執教的爵士隊陣中的馬龍和史塔克頓。

擋拆戰術的基礎原理，是由一位空手的隊友，來為持球的隊友擋開防守者，創造出空間後，讓持球者可以選擇出手或是推進。因為擋拆後場上球員的跑位及站位變化，持球者可以有更多的選擇，決定要自己出手或是將球傳給有更好機會的隊友。

這套戰術重視隊友間的團隊默契、時間及空間的掌握，同時得分手的進攻把握性及傳球者的助攻精準度，都是擋拆戰術能否成功的關鍵，而這些最重要的元素，恰巧都出現在這支球隊中。

爵士隊的擋拆戰術，通常會以馬龍及史塔克頓二人為核心，由馬龍為控球的史塔克頓擋開防守者，此時史塔克頓就能利用擋拆出現的空檔，順勢帶球壓入對手更深的防線中，同時創造對手的錯

位及混亂，再精準地將球送到馬龍手上完成得分。

二人所操刀的擋拆戰術並非一成不變，反而變化多樣，讓人難以捉摸。馬龍無論中距離或壓入禁區後的強取分，都有著十足的把握性；而曾拿下多屆助攻王的史塔克頓傳球亦是一絕，無論是反手、地板或是高吊傳球，史塔克頓總能在最精準的時間點，將球送到最精準的空間裡。

二人的搭配成就了 NBA 史上擋拆
戰術的典範，馬龍的生涯總得分
來到史上第三，史塔克頓的生
涯總助攻則為史上第一。這些
偉大紀錄的譜寫，大部份正是
來自這套「擋拆戰術」。

瑞克・艾德曼
Rick Adelman

簡介
NBA 全明星賽
勝場
例行賽 1791 場（1042 勝 749 負，58.2% 勝率）
代表球隊和球星
國王隊（1998-2006）
克里斯・韋伯（Chris Webber）

瑞克・艾德曼 1946 年出生於美國加州，並於學生時代開始接觸籃球，畢業後參加了 1968 年的 NBA 選秀，於第七輪才被火箭隊選中，在 NBA 一共打了八個球季，留下場均 7.7 的平均得分，在球員的職業生涯中，並沒有留下太多的輝煌紀錄。

1977 年，艾德曼開始在學校球隊擔任教練，之後被波特蘭拓荒者隊召募為球隊助理教練，1988-89 年球季，由於球隊戰績不佳，球隊送走原先的總教練，讓艾德曼有了臨時總教練的身份。之後艾德曼一路將球隊帶回了季後賽，就拿到了正式的總教練之位。

在艾德曼的執教下，球隊很快進入了強隊之林，並在 1990-91 年球季打出了 63 勝的隊史最佳戰績，更於 1991 及 1992 年都拿下了西區冠軍打入了總決賽，雖然未能奪冠，但這支球隊已成為當時的聯盟強豪。

1993-94年球季，艾德曼離開了拓荒者隊，並曾短暫地待過勇士隊，於1998年被國王隊聘任為球隊的總教練。善於為球隊找到最佳進攻法則的艾德曼，很快就為這支球隊帶入了「普林斯頓」的進攻體系，也成功將這支球隊打造為一支強隊，幾乎年年都能殺入季後賽。

這支國王隊擁有克里斯・韋伯、弗拉德・迪瓦茨（Vlade Divac）等具有優秀傳球能力的長人，而這正是普林斯頓戰術所需的。就在球隊流暢地串聯下，他們打出了行雲流水又充滿魅力的進攻，成為聯盟中人氣最高的招牌球隊之一。

2002年，他們打出了61勝21負的聯盟最佳戰績，並一路打入了西區決賽，與湖人隊一路纏鬥到第七場，才在一輪充滿爭議的比賽中敗陣下來，而這可能是國王隊隊史中最接近總冠軍的一次。

艾德曼的執教生涯二次打入總決賽，雖然從未拿過總冠軍，然而他對於戰術的創新及貢獻，一直為人們所敬重。名教練道格・瑞佛斯（Doc Rivers）更曾說：「多數人沒有意識到艾德曼有多偉大，是他高舉了進攻戰術的大旗。」

普林斯頓

普林斯頓大學的總教練皮特・卡里爾（Pete Carril），在NCAA執教近三十年，然而他執教的並非一支傳統體育名校球隊，也召募不到最頂尖的學生球員。於是為了將球隊的進攻效率最大化，他研發了一套進攻戰術，成功為這支大學球隊在NCAA拿下超過500勝。之後這套進攻戰術，就被命名為「普林斯頓」。

1996年，卡里爾受邀來到NBA國王隊，擔任總教練艾德曼的助理教練，同時也將這套「普林斯頓」進攻戰術帶到了NBA。

不同於傳統以控球後衛為進攻發動點的思維，普林斯頓戰術更著重於隊內長人在進攻端的參與，讓球隊的長人成為進攻的重要組織者，並講究球的輪轉及無球球員的跑動，再透過不停地跑位及分球，找到最佳出手空間，而隊內的長人則需同時扮演著擋人及助攻者的角色。

這套戰術講究拋開傳統控衛思維，要讓場上的五人都能控球及參與助攻，同時也都要跑位及進行掩護。助攻並非後衛球員的專門工作，而是屬於場上五人的共同任務。當時國王隊陣中擁有韋伯及迪瓦茨，這二人可能是當代聯盟中最具有助攻才華的長人，再搭配射手佩賈・史托亞柯維奇（Peja Stojakovic）及控球後衛麥克・畢比（Mike Bibby），讓普林斯頓戰術得以在這支球隊中有

了最佳化的運轉。

在普林斯頓戰術的串聯及發揮下，國王隊成為了當代進攻火力最強、最具有觀賞性的明星球隊。這套戰術在國王隊的演繹下，讓場上不再拘泥於傳統位置的限制，場上的五人都能成為控球及助攻者，也成功將這支球隊帶到了聯盟的強隊之林。

雖然最終艾德曼並未能以普林斯頓戰術拿下總冠軍，然而不可否認，普林斯頓戰術及這支國王隊，絕對是當代最強的球隊之一，更是進攻戰術的典範，為後世籃球戰術的進步及演化，立下了相當重要的里程碑。

格雷格‧波波維奇
Gregg Popovich

簡介
5×NBA總冠軍、NBA全明星賽、NBA最佳教練、NBA 15大教練
勝場
例行賽2127場（1366勝761負，64.2%勝率）
代表球隊和球星
馬刺隊（1996-2023）
提姆‧鄧肯（Tim Duncan）、大衛‧羅賓森（David Robinson）、
馬紐‧吉諾比利（Manu Ginobili）、東尼‧帕克（Tony Parker）

格雷格‧波波維奇生於1949年印第安納州，大學期間就讀的是
美國空軍學院，並參與了該學院的籃球隊，於大四時成為球隊隊
長。畢業後波波維奇投入了空軍情報的培訓，並預計未來要在中
情局工作。在美國空軍服役的五年間，曾以隊長的身份率領國軍
球隊參與了業餘籃球聯盟比賽，並拿下冠軍。

1973年波波維奇回到了空軍學院，擔任籃球校隊的助理教練，並
於1979年的一個機會下，成為了球隊的總教練。就在1987-88年
球季結束後，波波維奇加入了NBA的馬刺隊，成為當時球隊總教
練賴瑞‧布朗（Larry Brown）的助理教練。接著於1992年短暫來
到勇士隊，成為唐‧尼爾森的助理教練，透過在這些名教練身邊
的學習，波波維奇累積了相當多的執教經驗及戰術思維。

1994年，馬刺隊邀請波波維奇成為球隊的總經理，作為管理階層來提升球隊的戰力。1996-97年球季，球隊在開季時打出了3勝15負的難堪戰績，加上球隊主力明星中鋒大衛‧羅賓森的傷退，波波維奇選擇送走了原先的總教練，自己成為球隊的總教練執教，這個球季最終球隊只拿到20勝62負的聯盟末位戰績。

然而，正因為這個差勁的戰績，馬刺隊得到了1997-98年第一順位的選秀狀元籤，獲得了被認為該屆最優秀的中前鋒提姆‧鄧肯。念完整整大學四年的鄧肯，心智及球技完全沒有任何新秀的生澀及撞牆期，立刻就能融入波波維奇的戰術體系，第一個新秀球季就有著21.1分11.9籃板2.5阻攻的全明星數據，不但入選了全明星賽，更成為年度新人王的當然人選，更讓球隊從上季的二十勝一舉進步到了五十六勝的強隊之林。

1998-99年鄧肯的第二個球季因封館為縮水球季，全季只打了五十場比賽，此時羅賓森及鄧肯的「雙塔」搭配更加成熟，而個性成熟的羅賓森也很快就將球隊主攻大旗交給了鄧肯，自己成為精神領袖，並協助鄧肯成長。這一個球季他們拿到了74%的高勝率，並在季後賽中一路過關斬將，拿下了1999年的NBA總冠軍，這是馬刺隊隊史的第一座總冠軍。

之後波波維奇就一直身兼球隊總教練及管理階層，在執教球隊的同時，也操刀球隊的選秀及交易。後來球隊於1999年的第二輪選中了馬紐‧吉諾比利（2002-03年球季加盟），2001年第二十八

順位選進了東尼・帕克，球隊從此有了完整的前後場核心陣容。

2002-03年球季，馬刺全季拿下了60勝22負的全聯盟最佳戰績，波波維奇拿下了其生涯的第一座年度最佳教練獎，並於季後賽第二輪扳倒了三連霸衛冕軍湖人隊，最後一路打入了總決賽，拿下了2002-03年的總冠軍，羅賓森亦在拿下這座冠軍後宣布光榮退休。

馬刺隊在波波維奇的領導下，加上陣中三巨頭鄧肯、吉諾比利及帕克的團隊戰力聯手下，為球隊建立起了相當長壽的常勝球隊文化，幾乎年年都能夠以優異的戰績打入季後賽，後又分別拿下了2005年、2007年及2014年的總冠軍，這支球隊無疑成為了當代最佳的冠軍隊。

雖然馬刺隊常年戰績都處於前段班，因此總是不容易在選秀會上拿到高順位籤，然而波波維奇精準的看人眼光，總是能讓球隊在低順位挖到充滿潛力的球員，並在馬刺隊團隊文化的薰陶下，逐漸發光發熱，成為球隊的實戰力。除了球隊第一人鄧肯是第一順位進入聯盟的，球隊陣中其他的主力球員幾乎都是在低順位中加盟，但卻能在波波維奇及馬刺隊的團隊文化中，成為冠軍隊的明星球員。

波波維奇生涯得到五次總冠軍，拿下1366勝，為史上最多勝的NBA總教練。波波維奇及鄧肯的組合，拿下超過千場的勝場紀

錄，為史上第一，而鄧肯、帕克及吉諾比利，也是史上拿下最多勝的三人組合。

馬刺隊在波波維奇的管理及領導下，建立起了極為良好的球隊文化，他善於發掘球員潛力，激發球員上限，更能與陣中的球員良好互動。在領軍的二十多年中，都能讓球隊維持著極高的競爭力，由波波維奇所領軍的這支馬刺隊，可說是當代最佳建隊教科書。

韜光養晦

一般球星簽約球隊少則一、二年，五年以上則已經算是相對穩定的長約，因此對於職業球團而言，明星球員是一件「商品」，在合約期限內，應該盡可能提高球星使用率，讓商品的價值最大化。

波波維奇所主導的馬刺隊卻不這麼認為。他從來不讓隊內的主力球員上場時間太長，甚至偏愛去輪休隊內的主力球星來「韜光養晦」，一來休養體能以降低受傷的可能，二來也提供陣中的新人及替補有更多的上場機會。他認為球員不應該是「商品」，而是需要長期保養的「資產」，考量的不是短期的商業利益，而是永續的長期競爭力。

波波維奇執教的第一個教練球季1996-97年，就已經有了這樣的思維。當年球隊主將羅賓森有傷在身，就選擇讓他好好休養。而波波維奇也順水推舟讓球隊在該季只拿到二十勝，因此才拿到了選秀狀元籤，得到了鄧肯。

而鄧肯雖然貴為馬刺隊招牌球星，但從他二十八歲開始長達十二個球季，平均上場時間皆不超過三十五分鐘，且幾乎不打滿整個球季，而是經常輪休，維持最佳狀態。因為經常性輪休球員，波波維奇還曾經被聯盟罰款，因為對於聯盟利益而言，球星不上陣

可能有損聯盟的商業利益。

波波維奇依然堅持自己這套「韜光養晦」的領導哲學，還給出些冠冕堂皇的理由：「帕克入選了全明星變得有些高傲，所以我要讓他在板凳上冷靜。鄧肯打出好成績想和球隊談薪資合約，我不吃他那套，所以讓他罰坐板凳。」當然，這些都是波波維奇的鬼話。

曾有記者詢問波波維奇的教練生涯成功之道為何？波波維奇說：「選擇鄧肯，然後好好活著。」對，好好活著，才是球隊的常勝之道。想要打造一支強五年的球隊，只要願意砸錢買來幾個球星就有機會，但想要像波波維奇的馬刺隊強盛二十年，就得懂得韜光養晦之道。

雙塔戰術

20 分 10 籃板，是 NBA 頂級禁區球星的標竿數據，能夠得一即足以在聯盟禁區爭雄。那如果同時擁有兩位 20 分 10 籃板的雙塔球星陣容呢？

馬刺隊 1987 年的選秀狀元羅賓森，是一個同時擁有速度、力量及體魄的七呎中鋒，更為聯盟當代的四大中鋒之一，在生涯的前八個球季就收穫了年度 MVP、年度最佳防守球員、得分王、籃板王及阻攻王等所有禁區球員的最高榮譽，唯獨少了一枚冠軍戒指。

直到 1997 年選秀狀元鄧肯加盟，羅賓森及鄧肯組成了雙塔陣容，雙雙打出了 20 分 10 籃板的頂級數據。二人聯手搭配的雙塔戰術，第二個球季就幫助馬刺隊拿下了隊史的第一座總冠軍，更於 2002-03 年球季拿下了第二座冠軍。

所謂的雙塔戰術，就是跳脫了傳統只有一位中鋒的陣容安排，而在場上放上了二位具有高度的低位禁區悍將。

雙塔戰術的進攻基礎，是在禁區的二邊低位各站一人，或是高低位各站一人，再透過後衛的傳球，或是二人的變陣搭配，以形成禁區同時擁有二大進攻核心，讓防守方防不勝防，就算能透過協

防防下其中一人，也難以同時阻擋另一塔。在防守上，當對方球員想進攻禁區時，不單單得面對一位禁區球星、而是必須同時面對二位禁區球星的封阻。

雙塔戰術要成功，必須雙塔都具有一定的靈活度及攻守實力，能夠自主進攻及防守，還能策應隊友，而馬刺隊的羅賓森及鄧肯無疑同時具有了這些特質，同時二人都有著謙遜及低調的人格特質，羅賓森無私於鄧肯的傳承，讓二者得以互補互助，成就了這對史上最悍的雙塔戰術，也開啟了屬於馬刺隊的長勝冠軍文化。

板凳伏兵

一場籃球比賽中，一隊擁有上場權的球員不能多於十二人，而同時間能站在場上的球員則為五人。因此，球隊的組成就會有五位先發球員及七位替補球員，通常先發球員當然就是球隊主力，他們擁有大部份的球權及上場時間，替補球員則是相對非主力。

然而，隨著籃球觀念的演進，替補球員對於比賽的勝負起到了愈來愈大的作用。一位優秀的替補球員，不但能銜接先發球員在場上的空缺，甚至能夠提供不同於先發球員的其他助力，而一支球隊中最重要的那位替補球員就被稱為「第六人」。

NBA 最佳第六人獎項（National Basketball Association's Sixth Man of the Year Award）從 1982-83 年開始頒發，至今出現過不少優秀的第六人，不少球員甚至由替補球員變成主力球員，甚至是明星球員。

在波波維奇的馬刺體系裡，就有一位總是從板凳出發的吉諾比利，他不但曾獲選聯盟最佳第六人，還入選過全明星賽，更是球隊近二十年的三巨頭之一。然而即使如此，波波維奇仍然讓吉諾比利一直扮演著「板凳伏兵」的角色。

波波維奇將吉諾比利置於板凳，並非不重用他，反而是極度地重

用。吉諾比利的球風多變難料，往往能從板凳一登場，就擁有破壞對手節奏的能力，能投能切能傳，因此在板凳席有這麼一位伏兵，也讓馬刺隊在先發碰上任何麻煩時，都有這麼一位板凳王牌能夠上陣逆轉戰局。因此，就算吉諾比利早已經擁有全明星級的身手，波波維奇仍喜歡選擇將之放在板凳上。

波波維奇曾說：「沒有吉諾比利我們不能拿下冠軍，馬刺能成為常勝軍，板凳上能夠隨時接管比賽的吉諾比利正是關鍵因子。」吉諾比利在馬刺隊的十六年生涯打了 1057 場例行賽，超過七百場的比賽是從替補出發，並擁有史上最佳的第六人表現，其 72.1% 的勝率，更是史上超過千場的 NBA 球員中之最。

內外聯防

由波波維奇及鄧肯所率領的馬刺隊,被認為是聯盟防守最佳的球隊之一,最可怕的是,這並非短短四、五季的時間,而是長達將近二十年的防守能量。在這二十個球季中,馬刺有六個球季防守效率聯盟第一,十五個球季聯盟前三。

特別的是,鄧肯曾十五年入選年度防守球隊為史上第一,卻從未拿過阻攻王、籃板王及最佳防守球員等禁區球員的代表性獎項。一個最主要的原因,在於馬刺隊及鄧肯的防守,從來就不是靠個人的單兵防守,更不是著重在各項攻守數據的累積,而是一種團隊防守能量的凝聚。

這支球隊從來不用賭博式的防守,為了抄截或是阻攻,而失去了自己的防守位置。他們重視的一直是「內外聯防」的團隊型防守。

內外聯防的第一步,是外線球員緊貼干擾,限制對手球員的切入節奏,當對手球員接近禁區,馬刺隊內線球員第一時間就會出現在進攻方最不樂見的協防位置上。因此,對上馬刺隊,就必須同時面對內外聯防,而馬刺隊陣中有著鄧肯的坐鎮,外線又有著一票優秀防守能力的後場球員,即使球隊不會有大量阻攻及抄截數據,但只要碰到馬刺隊,對方總會有著高失誤率及低命中率。

2006-07年，年輕的雷霸龍・詹姆斯（LeBron James）第一次打入總決賽，對上馬刺隊。原先在東區一夫當關、殺進殺出的詹姆斯，在馬刺隊的內外聯防裡卻討不到絲毫便宜，原先他擅常的切入破壞力，在馬刺隊內外聯防下，不是總在自己不擅常的位置出手，就是被迫傳出高失誤率的傳球，最終4：0被馬刺隊所橫掃，讓球風全能的詹姆斯，在馬刺隊防守體系中永遠討不到便宜。

當總決賽結束後，鄧肯鼓勵詹姆斯，說出了一句經典名言：「未來是你的！」意思是：「我還在的時候，你就再等等吧。」

賴瑞・布朗
Larry Brown

簡介
1×NBA總冠軍、NBA全明星賽、NBA最佳教練、NBA 15大教練
勝場
例行賽2338場（1327勝1011負，56.8%勝率）
代表球隊和球星
76人隊（1997-2003）
艾倫・艾佛森（Allen Iverson）
活塞隊（2003-2005）
班・華勒斯（Ben Wallace）

賴瑞・布朗1940年出生於紐約，身高5呎9吋的他，在學生時代主打控球後衛，就讀北卡大時，球隊的教練是傳奇教練迪恩・史密夫（Dean Smith），讓他從學生籃球時代開始，就有機會接觸到名教練的執教風格。1967-68年他加入了ABA聯盟，曾經成為聯盟的助攻王及明星球員。

退休後，布朗於1974年成為ABA教練，在聯盟執教了五年，後來轉到NCAA擔任大學教練，拿下1988年NCAA的最佳教練獎。同年，布朗得到成為NBA教練的機會，來到了馬刺隊執教，1992年轉隊到快艇隊，1993年轉到溜馬隊，1997年轉隊到76人隊。

此時，76人隊擁有1996-97年的選秀狀元艾倫・艾佛森，然而球隊的戰績始終沒有起色，直到布朗與艾佛森找到了平衡，達成了

球隊共識，2000-01年球季，艾佛森以平均31.1分拿下得分王及年度MVP，布朗則率隊拿下了五十六勝，並獲得了年度最佳教練。

在季後賽中球隊打得並不輕鬆，但最終仍奮力打入了總冠軍賽，對手是在西區季後賽打出13勝0敗的不敗湖人隊。76人隊在第一場比賽中，就打出了超乎水準的表現，最終於延長賽中以107：101打破了湖人隊的不敗之身。雖然76人隊最終仍然以1：4敗了下來，然而這支球隊已贏得了所有人的尊重。

2003年，布朗離開了76人隊，轉隊來到底特律活塞隊，並在第一個球季就成功凝聚了這支球隊的防守戰力，一路打入了總冠軍賽，對上了老對手湖人隊，在眾人不看好的情況下，最終以4：1打敗了湖人隊，拿下布朗執教的第一座總冠軍。

2005年布朗轉隊到尼克隊，2008年再轉隊到夏洛特山貓隊，這是他在NBA的第九支球隊。

布朗是史上唯一曾獲得NCAA及NBA總冠軍的教練，也是史上唯一能夠帶領八支球隊打入了季後賽的教練。他就像一位浪人，帶過的球隊無數，卻總能激起不同的火花，寫下許多不同的篇章。

一攻四防

布朗於1997年開始執教76人隊，在他來到這支球隊之前，他們因為戰績不佳得到了選秀狀元艾佛森，然而這並未能改變他們陣容深度不足的問題。

陣中狂傲的主力球星艾佛森，更是與傳統派的布朗格格不入。布朗重視正確的打球及練球方式，艾佛森卻重視個人英雄主義，讓球隊內部陷入嚴重的矛盾及衝突。隊內只要處於矛盾，就不可能有強大的一天，最後布朗主動與艾佛森深談，並為其打造了一套罕見的陣容戰術「一攻四防」。

布朗選擇讓艾佛森發揮進攻長才，組成了一攻四防陣容，在先發球員的安排上，只放上艾佛森一位主力進攻者，再搭配四位防守型的隊友，迪肯貝·穆湯波（Dikembe Mutombo）、蒂龍·希爾（Tyrone Hill）、喬治·林奇（George Lynch）及埃里克·斯諾（Eric Snow）。

2000-01年球季，除了擅守拙攻的明星中鋒穆湯波尚有11.7的平均得分，另三位先發球員的平均得分都低於10分，在場上的主要任務就是防守，掩護艾佛森防守對位上的劣勢，為艾佛森創造最大的進攻空間。

就在這個球季，透過這套一攻四防的陣容，球隊神奇地打出了最佳的表現，全季拿下了 56 勝，艾佛森拿到了年度 MVP、得分王及抄截王，穆湯波拿下年度最佳防守球員，布朗拿下了年度最佳教練，球隊成了該季例行賽的最大贏家。

在季後賽中，球隊也持續用這套一攻四防的陣容，一路殺開血路打到了總決賽。在總決賽的第一場比賽中，76 人隊這套陣容被發揮到了極致，球隊全場就是將球交給艾佛森，讓他全力衝擊對手的防線，其他人則是作好防守及掩護的任務。最後艾佛森一人就砍下了 48 分，成功在總冠軍賽中拿下了不被眾人看好的第一勝。雖然最終仍未能封王，然而這支一攻四防的 76 人隊，早已是當代球迷心目中最經典的球隊之一。

鐵血防守

布朗重視傳統、團隊合作及防守，當他於2003年來到活塞隊時，這支球隊的陣容及球風與布朗一拍即合。球隊鋒線有班·華勒斯、拉席德·華勒斯（Rasheed Wallace）及泰夏安·普林斯（Tayshaun Prince），後衛為昌西·畢拉普斯（Chauncey Billups）及理察·漢彌爾頓（Richard Hamilton）。這支球隊陣中沒有任何大牌球星，卻幾乎人人都是實打實的實戰球員。

球隊中鋒班·華勒斯雖然身高及進攻能力不足，卻有著極為強硬的補防及封鎖能力，曾拿下籃板王及阻攻王的頭銜。有著6呎11吋的拉席德·華勒斯有著優秀的進攻及單防能力，二人正好彌補了彼此之不足，構成了球隊禁區的銅牆鐵壁。再加上另三人構成的防線，當時這支球隊打出的鐵血防守，讓聯盟其他的球隊傷透了腦筋。

在當時，聯盟開放了一定程度的區域防守，使得活塞隊的優勢得以最大化。這支以鐵血防守見長的球隊，成了各大隊的惡夢，幾乎每一季，活塞隊都是聯盟中失分最低的球隊，他們曾創造連續三十六場讓對手得分無法破百的歷史紀錄，還曾連續五場比賽將對手的得分壓於70分以下。這支球隊並沒有任何聯盟力捧的明星球員，卻靠著一群扎實的藍領球員，創造了許多歷史級的防守紀錄。

2004年總冠軍賽的對手，是擁有聯盟第一中鋒俠客‧歐尼爾及明星後衛柯比‧布萊恩的湖人隊，這是一支已經完成三連霸的超級強隊，因此賽前根本沒人看好活塞隊有機會勝出。活塞隊靠著扎實的鐵血防守，讓湖人隊吃足了苦頭，既然歐尼爾無法單防，就去切斷他與隊友的連線，再透過後衛緊緊咬住布萊恩的防守策略，成功封死了湖人隊攻勢。整個系列賽，湖人隊陣中除了歐尼爾之外，其他人的命中率皆不足40%。

最終，活塞隊正是靠著這套鐵血防守，以4：1成功鎖死湖人隊，拿下了2004年的總冠軍。

麥克・狄安東尼
Mike D'Antoni

簡介
NBA全明星賽、NBA最佳教練
勝場
例行賽1199場（672勝527負，56.0%勝率）
代表球隊和球星
太陽隊（2003-2008）
史蒂夫・奈許（Steve Nash）
火箭隊（2016-2020）
詹姆士・哈登（James Harden）

麥克・狄安東尼1951年出生於美國西維吉尼亞州，學生時代開始打籃球，完成大學學業後，於1973年加入職業球隊，曾打過NBA及ABA，也曾到義大利打球。

1990年，狄安東尼開始擔任籃球教練，最初在義大利聯賽擔任總教練，1997年的一個機會下，擔任NBA金塊隊人事主管，第二年，正式成為金塊隊的教練，但於1998-99年的縮水球季就離開了球隊。1999-2000年球季他成為馬刺隊球探，2000-01年球季成為拓荒者隊的助理教練，2001年狄安東尼又回到了義大利擔任教練。

2002年狄安東尼來到太陽隊擔任助理教練，於2003年的季中正式成為總教練，2004-05年球季，球隊透過交易得到史蒂夫・奈許，狄安東尼也得到了球隊在場上的進攻掌舵者及戰術執行人，透過

擋拆及跑轟戰術的結合，球隊成為一支不折不扣的進攻型球隊。

太陽隊就在2004-05年球季拿到了62勝20負全聯盟第一的戰績，狄安東尼更拿下了該季的最佳教練，而奈許則獲得2005年及2006年的二季年度MVP。這二個球季，球隊不但在例行賽打出了好戰績，也在季後賽有所斬獲，然而最終都以相當可惜的距離，止步於西區，未能入總冠軍賽。

之後狄安東尼於2008年離開了太陽隊，這段時間曾執教過尼克隊、湖人隊及76人隊等球隊，然而整體的表現並不盡理想，2016年他來到了火箭隊擔任總教練，球隊的主將是有著強大進攻及助攻能力的詹姆士・哈登，在執教的第一個球季就取得55勝27負的戰績，並打出了數季優異的戰績，狄安東尼獲頒了2017年的最佳教練，哈登則拿下了2018年的MVP，卻仍然與總冠軍無緣。

奈許及哈登在初入聯盟時，都是由板凳候補出發，來到狄安東尼的體系後，最終都成為了聯盟的MVP。雖然未曾奪下總冠軍，然而狄安東尼對於進攻戰術的大膽創新及發明，著實開啟了籃球戰術的新視野。

七秒跑轟

2003年狄安東尼成為太陽隊的總教練,當時陣中擁有不少極具體能天賦的球員,大前鋒阿瑪雷・史陶德邁爾(Amar'e Stoudemire)及小前鋒尚恩・馬里安(Shawn Marion)都是能跑擅跳的球員,然而卻始終得不到最大的發揮,難以將之轉化為計分板上的分數,直到奈許於2004年來到了這支球隊,讓球隊有了全隊進攻的啟動機。

此時,狄安東尼選擇放棄陣地戰的打法,而是全面採用快攻來完成每一次的進攻,將體能勁暴、身高卻略矮的大前鋒史陶德邁爾推向了中鋒位置,再將一樣體能勁暴的小前鋒馬里安推向大前鋒的位置,完全放棄了傳統的中鋒及大前鋒位置,全力強化球隊的速度。

這個完全顛覆傳統的陣容安排,讓奈許傑出的快攻及助攻才華完全解放。透過全隊的快攻啟動及擋拆配合,加上大量的三分出手,這支球隊成為全聯盟進攻效率最高、得分最多的跑轟型球隊,也讓球隊一舉從上一季的二十九勝進化成為六十二勝的強隊。

在NBA歷史中,不乏主打進攻的球隊,然而狄安東尼的跑轟卻更極端,他不但在陣容上將球隊的速度拉到最高,幾乎完全放棄傳

統的陣容設計及陣地戰打法，更要求球員要在七秒內完成進攻。即在攻守轉換、拿到球權的那秒起算，要立刻發起跑轟快攻，並在七秒內完成這一波的進攻出手。

這套「七秒跑轟」戰術，讓對手為了要能跟上太陽隊的進攻，總是疲於奔命地退防，且總是在尚未站穩腳步時，就被太陽隊完成了一次進攻。若速度跟不上，就會被太陽隊的七秒跑轟攻勢完全擊潰。

雖然這套戰術最終並未能帶領太陽隊封王，然而奈許那些快速又充滿創意的助攻方式，加上一票隊友充滿觀賞性的快攻飛扣及三分雨，為「快攻」一詞作出了最完美的詮釋。

七人輪替

狄安東尼是位跳脫傳統戰術設計的教練，擅常劍走偏鋒，找到球隊的強項及特質，並將之放大發揮到極致。在陣容的調度上，當面臨關鍵的某些戰役時，他並不喜歡太多的球員輪替上場，反而是精簡用兵，採行「七人輪替」的極端調度。

所謂的七人輪替，是指除了五名先發之外，就不再安排太多的替補球員輪替場上的五個位置，反而只準備二位主要的替補球員上場，整場比賽就以這七人為主，進行陣容的調度。

七人輪替這套陣容戰術最大的優點，就是能確保在場上比賽的五人，永遠都是陣容中最可靠的七人之一，以減少球員在場上犯錯的機會，不讓不夠穩定的球員待在場上，如此，就能提升場上五人的執行，並降低不確定性。有一句話是怎麼說的：「事實上成功並非需要做很多正確的事，反而應該是減少做錯的事，就能夠更接近成功。」七人輪替的特質，就是盡可能減少錯事的發生。

狄安東尼曾在不少季後賽的關鍵戰役中，採用了這套陣容戰術，也多次透過這套戰術，扳倒不少的強隊，更經常在季後賽的關鍵第七場生死戰中，大膽採用這套七人輪替，追求己方場上的陣容能夠維持在高檔的戰力中。

然而，七人輪替也有相當大的缺點。因為一場比賽只用七名球員，代表這七名球員都須吃掉大量的上場時間，精神及體能的耗損都相對較大。雖然有機會在短時間維持高質量的上場陣容，但卻也可能因此造成主力的磨損，長期而言，反而容易讓主力七人的負擔過重，導致集中力及體能的下降。

七人輪替戰術像把雙面刃，有奇效同時亦有風險，何時該採用這套戰術，著實是對於教練功力的一大考驗。

道格・瑞佛斯
Doc Rivers

簡介
1×NBA總冠軍、NBA全明星賽、NBA最佳教練、NBA 15大教練
勝場
例行賽1860場（1097勝763負，59.0%勝率）
代表球隊和球星
波士頓隊（2004-2013）
凱文・賈奈特（Kevin Garnett）、保羅・皮爾斯（Paul Pierce）、
雷・艾倫（Ray Allen）

道格・瑞佛斯生於1961年，於學生時代開始打籃球，畢業後於
1983年第二輪加入了NBA老鷹隊，並很快站穩了腳步，成為球
隊的主力先發控球後衛，還曾於1988年入選全明星賽。

當瑞佛斯於1996年從球員身份退休後，開始往教練的領域發展，
並於1999年成為魔術隊的總教練。當時這支球隊的陣容並不完
整，瑞佛斯仍然將這支球隊帶出了五成的勝率，於四年內三次打
入季後賽，並獲得2000年年度最佳教練的肯定。

2004年，瑞佛斯轉隊到波士頓塞爾提克隊擔任總教練，在頭三個
球季球隊表現並不理想，直到2007-08年球季，球隊透過交易得
到了凱文・賈奈特及雷・艾倫，再加上原先球隊陣中的保羅・皮
爾斯，陣中同時擁有了三位明星球員。瑞佛斯也很快地整合了三

位球星的場上任務，在這個球季一舉帶隊拿下66勝16負的聯盟最佳戰績。

進入季後賽後，球隊打得並非一帆風順，他們在第一輪就與對手老鷹隊打到第七場才勝出。第二輪面對騎士隊一樣打到第七場勝出，東區決賽時則是與活塞隊纏鬥到第六場勝出。總冠軍賽時面對世仇湖人隊，仍然是艱辛苦戰到第六場，才拿下這座得來不易的總冠軍。這支冠軍隊在季後賽的主場戰績為14勝1負的佳績，客場戰績卻為2勝9負，是史上冠軍隊最差戰績，總場次打了二十六場，則為史上打了最多場比賽的冠軍隊。

2013年瑞佛斯轉隊來到了快艇隊擔任總教練，擅常為隊內球員定位的他，也很快地將球隊帶上了軌道，帶隊的第一個球季就打出五十七勝的好成績。在陣中三名主力克里斯・保羅（Chris Paul）、布雷克・葛里芬（Blake Griffin）及德安德魯・喬丹（DeAndre Jordan）的聯手下，球隊有了空中之城的美名，打出了多年極具觀賞性及競爭力的好球。

瑞佛斯擅長凝聚隊內共識及方向，也因此總能為不少原先戰績不佳的球隊，重新找到正確的方向及定位，成為一位不可多得的冠軍教練。

牛角戰術

控球後衛出生的瑞佛斯，相當擅常於協調陣中球員的相處，也很懂得如何將每位球員放到最適合的位置上，融入戰術體系；而在進攻上，瑞佛斯最常使用的戰術為「牛角戰術」。

牛角戰術（Horns）的基礎，是在進攻時，讓陣中二名二號及三號的鋒衛球員站在底角三分線的位置，就像是二支牛角頂。四號及五號內線球員立於禁區的兩個高位頂點，就像二支牛角身，而控球後衛則位於三分線弧頂的位置，像是牛角的底端，如此陣中的五位球員站位就會呈現一個V字型，就像二支牛角而得名。

這套戰術需要一名對於戰術及場上空間掌握優秀的控球後衛，瑞佛斯於塞爾提克隊的控球後衛為拉簡‧朗多（Rajon Rondo），快艇隊時期球隊的控球後衛為保羅，這二人可說都是善於用腦袋打球的聰明控球後衛。同時，這套戰術還需要優秀的長人，能夠在牛角頂端作出配合及進攻，在塞爾提克隊時有賈奈特這位全能長人，快艇隊時則有葛里芬及德安德魯‧喬丹二位體能好手。

牛角戰術的主控權主要落在控球後衛身上，透過觀察場上局勢及站位的變化，讓牛角中不同的隊友間進行單擋，來創造出更多的空檔及錯位，以衍生出多套不同的擋拆及跑位進攻。

牛角戰術是進攻戰術的一套站位基礎，然而並非一成不變，而是在控球後衛開始帶球啟動時，所有的隊友就必須進行陣型的變換，進行互相掩護，重點要盡可能讓所有的球員都能參與進攻，就算不碰球也必須不停地為隊友清開空間。

瑞佛斯並非使用牛角戰術的唯一一人，但他可能是用得最好的其中一人，也透過這套戰術的演繹，成功為球隊打下不少漂亮勝仗。

點球戰術

籃球比賽中，除了一分的罰球外，只有二分球及三分球，因此當比賽終了前的讀秒階段，只要領先了三分，那麼只要不犯規，球隊就幾乎立於不敗之地，最差的結局即被三分球追平，比賽進入延長賽。

然而，瑞佛斯卻不這麼思考比賽終了前的防守戰術。比起被動的防守，他更喜歡使用「點球戰術」主動去犯規。所謂的點球戰術，就是在比賽終了前的讀秒階段，即使自己球隊領先三分，瑞佛斯仍然會選擇讓球員主動犯規，將對手送上罰球線。罰球只有二球，因此就算對手全罰進了，己隊仍然能夠握有球權及比分上的領先，避開被對手投進追平三分的可能。

這套戰術要成功，瑞佛斯一定要先在陣中準備好心理素質及罰球都夠穩定的場上球員，來執行這最後的罰球定勝負。同時，負責發球及傳球的隊友一樣重要，以確保在點球戰術運轉時，不能出現任何不應該的失誤，必須精確地將球送到罰球最穩健的球員手上。再者，場上也必須同時存在著籃板手，以確保對手罰球不進時，能夠確實保護住每一顆籃板球，避免對手二次進攻的機會。

點球戰術的運用，並非全然沒有風險，且相當重視教練的臨場決策力，同時也重視球員的抗壓能力，如果控管不好，無論是發生

失誤，或是在罰球上失利，都極可能反而讓己隊陷入危機中，甚至最終被**翻盤**。然而瑞佛斯卻是箇中好手，總能有效地掌握住這套戰術的運用。

事實上，這套戰術其他的球隊也在使用，然而瑞佛斯可說是將這套防守戰術玩得最徹底又成功的一位。當他開始啟動點球戰術時，鮮少會發生問題及失誤，總是穩穩拿下最後的勝利，因此不少人認為瑞佛斯就是點球戰術的最佳代表人物。

瑞克・卡萊爾
Rick Carlisle

簡介
1×NBA總冠軍、NBA最佳教練
勝場
例行賽1689場（896勝793負，53%勝率）
代表球隊和球星
獨行俠隊（2008-2021）
德克・諾威斯基（Dirk Nowitzki）、盧卡・東契奇（Luka Doncic）

瑞克・卡萊爾1959年出生於美國紐約，學生時代開始接觸籃球，畢業後於1984年，以第七十順位被塞爾提克隊選中。職業生涯多以替補球員的身份上場，並隨隊拿下了1986年的冠軍。

1989年，他卸下了球員身份，成為籃網隊的助理教練，先後在比爾・費奇（Bill Fitch）及查克・戴利（Chuck Daly）身邊學習執教，1994年來到拓荒者隊擔任助理教練，1997年加入了前隊友賴瑞・柏德（Larry Bird）擔任總教練的溜馬隊，擔任助理教練。

在溜馬隊擔任助理教練的期間，他總能將助教份內所有的工作做到最好，同時協助完成戰術的設計及組織。這段期間，溜馬隊打出了隊史最佳的二個球季，更於1999-2000年球季，球隊首次打入了總決賽才止步。

優異的助理教練表現，讓卡萊爾有了機會，於2001-02年球季被聘任為活塞隊總教練。善於組織的卡萊爾很快將球隊重整，連續二個球季都拿下超過五十勝，獲得了2002年年度最佳教練的肯定。

2003-04年球季，卡萊爾回到了溜馬隊成為總教練，第一個球季就率隊拿下61勝21負的聯盟最佳戰績，同時打破了隊史勝場紀錄，成為全明星賽的東區教練。2005年在一場與活塞隊的比賽中，因為場上球員的失控，爆發了NBA史上最大衝突的奧本山宮殿之亂，也導致陣中多名主力被禁賽，然而即使如此，卡萊爾仍能堅守本份，帶領剩下的陣容打出不錯的戰績。

2008年卡萊爾受聘來到小牛隊擔任總教練，卡萊爾很快為球隊的現有陣容進行重組，更將球隊戰績提升到了五十勝。2010-11年球季，球隊例行賽戰績來到了57勝25負，並在季後賽中一路打敗多支西區強隊，殺入了總冠軍賽。在不被看好的情況，最終以4：2擊敗了由雷霸龍・詹姆斯（LeBron James）所率領的熱火隊，拿下了隊史的首座總冠軍。

卡萊爾在其執教生涯中，鮮少獲得強大的球星陣容，但他總能將現有的陣容進行結構性的重組及再造，拚出更完整的戰力，拿下一場場難能可貴的勝利。

鬼魂戰術

當卡萊爾於2008年接掌小牛隊總教練時，球隊陣中的主力鮮少是能跑能跳的體能型球員。當家球星是七呎身高及優異投籃技術的德克・諾威斯基，然而他並不具有良好的速度及彈性，而隊中也缺乏速度、彈性優異的隊友，因此這支球隊並不適合與對手比拚體能，於是卡萊爾將這支球隊定位為主打陣地戰，並在陣地戰中加入了大量「鬼魂戰術」的運用。

鬼魂戰術指的是在陣地戰進攻時，讓一位空手隊友虛假地掩護持球隊友，以迷惑防守者的注意力，但這位掩護者最後不一定會真正進行掩護擋拆，很大的可能只是虛晃一招，只要防守者有一剎那的迷惑，就能透過這個假掩護進行錯位找到出手空間。

這支小牛隊雖然缺乏體能勁爆的突破好手，但卻擁有如諾威斯基及傑森・基德（Jason Kidd）等具有高技術及判斷力的主力，他們的高球商能夠精準執行這些需要更多思考力的戰術，而這亦是鬼魂戰術最需要的特質。透過亦真亦假的掩護、傳球及出手，即使球隊沒有比對手快的速度、沒有比對手高的彈性，卻有著比對手更精準的出手時機。

鬼魂戰術的運用，主要是創造中距離跳投的空間，透過「鬼魂」作為誘餌，打亂防守者的判斷，以讓真正的攻擊者擁有更好的出

手機會，讓陣中缺乏體能卻擁有高球商的聰明球員，能夠在這套戰術體系中發揮最大價值。

鬼魂戰術並非卡萊爾獨用，但卡萊爾及小牛隊可能是將這套戰術運用得最精準的組合。卡萊爾的戰術體系並不仰賴球員單打，而是透過大量團隊配合，堆砌出競爭力，攻守時鮮少有一對一的機會，更多的是二對二，甚至三對三，透過一個個「鬼魂」，讓防守者總是處於迷惑中，創造球隊更多聰明的進攻機會。

艾瑞克・史波爾史特拉
Erik Spoelstra

簡介
2×NBA總冠軍、NBA全明星賽、NBA 15大教練
勝場
例行賽1195場（704勝491負，58.9%勝率）
代表球隊和球星
熱火隊（2008~2024〔迄今〕）
雷霸龍・詹姆斯（LeBron James）、德韋恩・韋德（Dwyane Wade）、
克里斯・波許（Chris Bosh）

艾瑞克・史波爾史特拉1970年出生於伊利諾伊州，父親為NBA
球隊的管理階層，因此史波爾史特拉很小就開始接觸籃球，畢業
後在德甲擔任助理教練。

1995年名教練帕特・萊利（Pat Riley）接任熱火隊總教練，熱火
隊也提供了一個視頻統整員（Video Cordinator）的職位給史波爾
史特拉。在當時這並非一個主流職位，因為要同時懂籃球及視頻
的人並不多，史波爾史特拉恰好兩者都極有心得，更透過視頻的
整理分析，提供球隊不少有用的資訊及精闢的見解，於是1997-
98年，史波爾史特拉就被球隊提拔為助理教練及球探。

2003年球隊在選秀中得到德韋恩・韋德，再透過交易得到俠客・
歐尼爾（Shaquille O'Neal），球隊迅速成為東區強隊，並於2005-

06年球季拿下總冠軍。2007-08年球季，因韋德受傷，球隊僅拿到十五勝，此時年邁的萊利決定從總教練位置退休，並指定已待在身邊長達十一年的史波爾史特拉，成為熱火隊的繼任總教練。

史波爾史特拉執教的第一個球季，球隊就從十五勝進步到四十三勝。2010年，騎士隊球星雷霸龍・詹姆斯及暴龍隊球星克里斯・波許，作出了轟動體壇的「The Decision」，兩人決定與同為2003年梯次的韋德於熱火隊聚首。於是初出茅廬的史波爾史特拉，一次就擁有了三位頂尖球星。

最初史波爾史特拉備受質疑，然而在第一個球季就拿下東區第二的例行賽戰績，並一路打到總冠軍戰才止步。第二個球季，史波爾史特拉再次率隊殺回總冠軍賽，只用了五場比賽，就壓倒地拿下2012年總冠軍。2012-13年球季，延續這股氣勢，他們在例行賽創造了二十七連勝的紀錄，並以第一種子打入季後賽，一路打到總冠軍賽對上常勝軍馬刺隊，最終在血戰七場後拿下2013年總冠軍，完成了球隊的二連霸。

史波爾史特拉從一個幕後的視頻工作者，到熱火隊的二連霸冠軍教練，一路走來絕非僥倖，他有著人所不及的觀察力，總能找出他人無法看見的機會，進而化為球隊的實質戰力。

雙核突擊

2010年，詹姆斯及韋德在熱火隊聚首，再加上同為2003年梯隊的波許，這三人所組成的陣容，震撼了當代籃壇。

詹姆斯為2008年得分王，韋德則為2009年的得分王，兩人更皆為年度第一隊的常客。此外，詹姆斯還是2009年及2010年的年度MVP。可以說，這二人幾乎是當時聯盟中最頂尖的小前鋒及得分後衛，二人得一即足以打天下，更何況能在同一隊同時擁有這二位球星。

史波爾史特拉透過密集地研究分析後，發現由詹姆斯及韋德雙核心所啟動的快攻，是最具有進攻效率的。詹姆斯及韋德同為全能型鋒衛，速度、彈性及力量皆為聯盟頂尖，得分、籃板及助攻無一不精。因此，透過這兩人啟動的「雙核突擊」就成了這支球隊最常使用的快攻戰術。

一般快攻陣容可以分成「傳球者」及「進攻者」，然而詹姆斯及韋德卻同時都能扮演這二個角色。因此任何一人掌握球權後，另一人隨時就可發動快攻，且二人的角色可隨時交換。一人持球吸引防守方注意的同時，另一人就能快速發動快攻，當二人同時跑向前場時，聯盟中幾乎沒有任何一支球隊能夠同時守下他們。

一般的快攻，通常是抓到對手失誤的瞬間來發動，然而當球隊同時擁有詹姆斯及韋德時，就算只是抓下一個籃板的攻守轉換瞬間，都可能直接發動一次對手冷不及防的進攻，根據Sport Science的科學分析，韋德拿下籃板到落地僅需1/4秒就能快速180度轉向掌握前場，詹姆斯快攻的時速約為21公里。因此二人聯手啟動的快攻，聯盟中根本少有球隊能夠跟上並擋下。

只要對手的防線還沒布好陣，擁有二大核心的這支熱火隊，就隨時有可能發動一次猝不及防的雙核突擊，擊潰對手防線。

閃電夾擊

「包夾」防守，指的是防守方採用二個以上的球員，同時包圍進攻方的一位球員。通常針對對手的得分主力，限制其得分。諸如麥可‧喬丹（Michael Jordan）、柯比‧布萊恩（Kobe Bryant）及詹姆斯等頂級球星，就經常遭受防守方的重點包夾伺候。

然而，有另一種包夾防守，目標卻不是守住對方的王牌球星，而是抓住對手的瞬間疏忽，以一種類似「突襲」的方式進行包夾防守，逼迫進攻方持球球員發生失誤，搶到球權後再發動快攻，這套防守戰術被稱為「閃電夾擊」（Blitzing），而史上將這一招發揮得最淋漓盡致的，莫過於同時擁有詹姆斯及韋德的熱火隊。

這支熱火隊在場上經常不放任何一位速度較慢的實質中鋒，而是擺上機動性較強的五位球員，讓這五位球員都能夠快速地變換位置及補防。

當進攻方發動擋拆時，熱火隊並不會只採用傳統的換防，而是抓準時機，果斷放棄原先自己對位的防守球員，再立刻二人去包夾對方的持球球員，壓迫對手發揮失誤。此時無論是繼續持球，還是勉強將球傳出，都很容易因此發生受迫性失誤，且通常這種失誤球，換來的就是熱火隊的一次快攻。

這套防守哲學重點在於放大外線防守優勢，並降低己方陣容在內線防線上的劣勢，不讓對方輕易殺入禁區，而是逼迫進攻方在外圍交手，且當有任何微小的失誤發生，有著詹姆斯及韋德在陣的熱火隊，通常能精準地斷下這顆球，更能以最快的速度啟動「雙核快攻」，向對手產生可怕的大傷害。

詹姆斯及韋德皆為年度防守隊的常客，同時還是年度隊及得分榜上的佼佼者，由他們二人為核心的閃電夾擊，成就了熱火四年殺入總決賽，並完成二連霸的輝煌成就。

史蒂夫・科爾
Steve Kerr

簡介
4×NBA總冠軍、NBA全明星賽、NBA最佳教練、NBA 15大教練
勝場
例行賽711場（473勝238負，66.5%勝率）
代表球隊和球星
勇士隊（2014~2024〔迄今〕）
史蒂芬・柯瑞（Stephen Curry）、克萊・湯普森（Klay Thompson）、
凱文・杜蘭特（Kevin Durant）、卓雷蒙・格林（Draymond Green）

史蒂夫・科爾1965年出生於黎巴嫩，從小就對籃球運動有著濃厚的興趣，然而身體天賦不佳的他，不易得到名校的青睞，即使進入了校隊，也只能排在板凳席的末位。他清楚自己的天賦限制，因此一直苦練最不吃身體天賦的外線，好不容易才漸漸得到教練的信任，找到自己在隊上的定位。他曾在大學期間單季投出57.3%的三分球命中率，創下了NCAA的史上最佳紀錄。

然而即使如此，當科爾在1988年投入NBA選秀時，外表及天賦不起眼的他，一直到第二輪五十順位才被太陽隊撿走。由於不高、不壯，也跑不快、跳不高，因此各項攻守數據的表現都不是太好。惟有三分球的命中率，是聯盟中最頂尖的存在，更在第二個球季就以50.7%的三分球命中率，高掛全聯盟之首。

1993年科爾轉隊到芝加哥公牛隊，隨著1994-95年球季麥可‧喬丹（Michael Jordan）的復出，這支球隊成了所有球迷所關注的焦點。1995-96年球季，這支芝加哥公牛隊拿下了例行賽史上最高的七十二勝，並拿下了該季的總冠軍。而科爾則在這個球季，成了史上唯一能在單季二分及三分球的命中率皆超過50%的人，同時還有90%罰球命中率的球員。

之後，芝加哥公牛隊在喬丹的率領下，一舉完成了三連霸的壯舉，科爾雖然只是這支球隊的替補球員，其精準的外線，卻也成了球隊不少關鍵時刻的重要武器。之後科爾又輾轉來到了馬刺隊，再次於替補端及三分線外作出貢獻，隨隊拿到了二次的總冠軍。

在球員生涯的科爾，一直都是球隊的替補，然而45.4%的生涯三分球命中率史上無人能及，讓他能夠成為一支冠軍隊的板凳拼圖。

在卸下球員的身份後，科爾曾擔任過TNT的評論員、專欄作家及球隊的行政主管，2014年4月，科爾有了一個全新的身份及挑戰，擔任金州勇士隊的總教練！

按理說，新官上任應該三把火，科爾卻一點都不急著為自己立威，只簡單地表示：「我不是來改變球隊的，他們已經夠好了，我來只是融入他們，讓大家變得更好而已」。

在球員時期一直擔任替補的科爾，比誰都清楚替補球員的重要，因此，他大膽地將隊上二位高薪明星球員大衛·李（David Lee）及安德烈·伊古達拉（Andre Iguodala）放到了替補戰力，將三分線作為主要的進攻手段。隊上的二位射手史蒂芬·柯瑞及克萊·湯普森則作為主要的進攻箭頭，再將卓雷蒙·格林拉上先發，作為主要的策應及防守大鎖。

科爾的這套陣容安排收到了效果，就在他執教的2014-15年第一個球季，勇士隊就以他們強大的三分球進攻體系，拿下67勝15負的全聯盟最佳戰績，球隊主將柯瑞拿下年度MVP，科爾則成為了史上勝率最高的菜鳥教練，並在季後賽中一路破釜沉舟，拿下了該季的總冠軍，打破了過去三分球無法奪冠的鐵律。

2015-16年球季，他們更放肆地釋放三分能量，全季砍進了超過一千顆的三分球，球隊主將柯瑞個人更砍進超過四百顆三分球，二項紀錄皆為史上之最。這個球季，他們在例行賽總計拿下了73勝9負的戰績，打破了公牛隊於1995-96年球季創下的七十二勝紀錄，柯瑞再次獲得年度MVP，科爾則拿到了年度最佳教練。

較可惜的是，這個球季的勇士隊雖然再次殺入了總冠軍賽，卻以一勝之差丟掉了衛冕冠軍的機會。然而，這並無法阻止這支球隊的崛起，2016-17年球季，他們得到了四屆得分王凱文·杜蘭特，補齊了攻守二端的所有元素，又再次連續三年殺入了總冠軍賽，拿下2017、2018年二個球季的冠軍。

科爾在其執教的前五個球季，皆率領勇士隊打入總冠軍賽，並拿下其中三次的總冠軍，之後又於 2022 年拿下第四次冠軍。

身為球員的科爾，以「三分線」作為戰技核心，拿下了五次的總冠軍。身為教練的科爾，以「三分線」作為戰術核心，再拿下了四次的總冠軍。即使體能天賦不如人，科爾一直都能正確地找到最佳定位，顛覆前人的籃球視野，讓三分線從此成為籃球世界的顯學。

三分魔球

「魔球」的思維是由作家麥可・路易士（Michael Lewis）於2003年的一本書《魔球（Moneyball）》中所提出，當中一個核心思維，就是應該用科學統計的方法，以最小的代價去取得最高的報酬。最早是被用於職業棒球隊的經營中，之後「魔球理論」的思維被廣泛運用於各類不同的運動中。

籃球場上的「魔球理論」則被用於探討禁區、二分球及三分球的出手，究竟誰的「期望值」最高？

在籃球中，一般來說，二分球的命中率只要能夠達到50%，就已經是一個相當不錯的表現，因此如果有50%的二分球命中率，每顆二分球出手的期望值即為1分。若以此為基準，一個球員的三分球命中率只要超過33%，就能夠達到每顆三分球的期望值超過1分。因此依此統計來看，只要有足夠的命中率，那麼投愈大量的三分球，得到的回報及期望值也會愈高。

而籃下的命中率一定又比中距離好，因此從魔球的統計上來說，禁區及三分球的投資報酬率，應該優於中距離的二分球。然而比賽並非單純的統計學，對手也不可能讓你自由選擇出手位置，且放棄了中距離，戰術的運用上自然也多了些局限，就更容易被針對性地防守，因此魔球理論是有其局限性的。

籃球是長人的運動，愈接近籃框就愈能拿下勝利，這個籃球思維框架已經影響了NBA及籃球世界近七十年，因此三分魔球思維一直都非籃球戰術的顯學。而從歷史來看，擁有頂級禁區球星的球隊，確實更接近總冠軍。

直到科爾及勇士隊的出現，才打破了這種刻板的框架。勇士隊的二大射手柯瑞及湯普森皆有超過40%的三分球命中率，期望值遠超所有的二分球，更讓三分魔球的思維，有了最大化的作用，開啟了全新的三分魔球思維時代。

雙重擋拆

然而，即使了解三分球的「期望值」較高，但如果沒辦法製造出良好的出手機會，就無法將三分戰術的效益最大化，因為對手絕對不會放任射手有空檔。因此為了創造出大量的三分球出手機會，這支勇士隊就有了俗稱為電梯門的「雙重擋拆」戰術。

一般的擋拆戰術，通常僅由一位隊友來作擋拆的動作，且擋拆後盡可能接近籃框找到出手機會。勇士隊的雙重擋拆卻是反其道而行，他們採用了二位隊友進行雙重擋拆，且目的不是接近籃框，反而是要遠離籃框，移動到三分線上進行出手。

雙重擋拆戰術通常由二位隊友平行站位，創造出一個類似於電梯門的空間，讓自家的射手能夠從這個門縫中鑽出後直接往三分線前進，而當防守者想要跟上補防時，這個電梯門則會即時「關門」，將防守者拒之門外，為自家的射手創造出三分球出手的時間及空間。

這套戰術相當要求球員默契及臨場反應，且多有變化，主要由隊中之鋒線球員擔當「守門員」，由射手擔任「過門員」，且為了讓效果最大化，隊上最好有二名頂級射手同時存在。在進行戰術跑動時，如果另一側還能站著另一位射手，一來為防守者帶來威脅，二來也準備隨時跑出第二個雙重擋拆，如此，才能將這套戰

術的威嚇力最大化。

事實上，擋拆戰術只是籃球的基本戰術之一，然而科爾及勇士隊
卻將之大加創新，演化出為三分線而生的雙重擋拆。勇士隊同時
擁有了柯瑞及湯普森這二大三分射手，讓他們的雙重擋拆更顯無
解，使得這套「雙重擋拆」戰術，成了聯盟中其他球隊最頭痛的
一套戰術。

無限換防

在NBA的比賽中，防守方通常採「一對一」盯防，讓場上的五位防守球員，分別去盯防進攻方的五位球員。於是長人球員會守到對方的長人球員，而速度較快的矮個子球員則會守到對方的矮個子球員，以避免因身高或是速度上的差距，產生錯位被「打點」。

因此，為了找到更好的出手機會，進攻方通常會用擋拆及掩護來創造錯位，此時防守方通常就需被迫「換防」來補位，但通常在換防後，防守方仍會盡可能調整回原先的對位，以避免錯位產生的防守空隙。

這套防守思維卻在勇士隊出現後有了些變化。由於勇士隊的外線破壞性太強，又能透過大量的雙重擋拆及跑動找到出手機會，於是各隊無不開始將原先的「單一換防」，升級成為「無限換防」，努力跟上勇士隊充滿變化的擋拆換位。

有趣的是，雖然無限換防看似是其他球隊為了防守勇士隊採用的防守策略，但勇士隊也是無限換防的箇中好手。根據Second Specturm的進階數據分析，勇士隊採用無限換防的回合，一直是屬於聯盟中的牛耳，換言之，他們自己最清楚這套戰術要怎麼玩及破解。

要作好無限換防並不容易。首先，球隊的側翼防守能力需足夠，每個人都要能守到二個以上的位置，同時隊上球員的球商、默契及機動性缺一不可，才能快速地回應對手的變陣。而這支聰明又有速度的勇士隊，恰巧滿足了所有的條件。

因此，這支勇士隊懂得如何用無限換防來防守，更懂得如何逼對手用無限換防，讓勇士隊能夠掌控比賽節奏及自我優勢，打破過去一對一盯防的習慣，開啟無限換防的時代。

死亡五小

2014-15年球季是科爾執教的第一個球季，他以三分戰術為主軸，成功地以例行賽聯盟第一的戰績，一路帶領球隊殺入了總冠軍賽，對手是由雷霸龍·詹姆斯（LeBron James）率領的騎士隊，在打完前三場比賽後，面對強悍的騎士隊，勇士隊陷入了1：2的落後局面。

科爾深知不能再照著原先的陣型打下去，於是他在第四戰大膽地將球隊的先發七呎中鋒安德魯·波格特（Andrew Bogut）按到了板凳，將僅有六呎六吋高的伊古達拉上了先發，讓球隊陣容呈現一個無中鋒的「五小」陣容。

神奇的是，沒有了中鋒，場上這五小陣容反而將整體速度及攻勢拉了上來，讓原先停滯不前的攻勢有了轉變，也將他們主打三分球及速度的小球戰術發揮到了極致。場上的攻勢如行雲流水般無堅不摧，澈底打亂了騎士隊的防線，之後更以直落三拿下了三連勝，攻下了科爾執教以來的第一個總冠軍。而這套五小陣容的奇兵伊古達拉，則因在攻防二端的全能表現，被選為總冠軍賽的MVP。

這套陣容又被稱為「死亡五小」，戰術講究全隊速度的最大化，讓場上的每位球員都有速度，能夠控球也能進攻，同時還能快速

地轉換攻守位置、換防，及投三分球。場上所有的球員都是每一次進攻的發起點，提升了整體的進攻效率，打破原先需由控球後衛來組織的慣例。原理看似簡單，其實要打得好一點也不容易。

勇士隊幾乎擁有了執行這套戰術的所有元素，格林雖然作為內線球員，卻有著出色的防守及組織能力，柯瑞及湯普森則是這套陣容最強大的兩大攻堅武器，再加上伊古達拉在攻守二端的適時補給，讓這套「死亡五小」的奇葩陣容，寫下冠軍賽史上的神奇一頁。

泰隆・魯
Tyronn Lue

簡介
1×NBA總冠軍、NBA全明星賽
勝場
例行賽447場（261勝186負，58.4%勝率）
代表球隊和球星
騎士隊（2015-2019）
雷霸龍・詹姆斯（LeBron James）、凱里・歐文（Kyrie Irving）、
凱文・洛夫（Kevin Love）

泰隆・魯1977年出生於美國密蘇里州，曾打過大學籃球，後於
1998年以第二十三順位被金塊隊選中，隨即被交易到了湖人隊。

原先沒有太多上場時間的魯，卻於2000-01年的總冠軍賽中，被
總教練菲爾・傑克森（Phil Jackson）賦予了一項重要任務：負
責全場緊貼對手的主將艾倫・艾佛森（Allen Iverson），魯也澈
底執行了這項任務，最終球隊以4：1拿下了2001年的NBA總冠
軍，而這也成了魯在球員時代讓人印象最深刻的一戰。

2009年從球員身份退休後，魯來到塞爾提克隊及快艇隊擔任助理
教練，後於2014年成為騎士隊助理教練。隨著執教經驗的累積，
魯於2015-16年球季，正式成為球隊總教練。魯並非一位講究威
嚴的教練，反而相當客氣，卻又總能在某些關鍵戰役中，拿出贏

球的對策。

球隊正巧於上一個球季迎回了雷霸龍・詹姆斯，誓言要為家鄉球隊拿下總冠軍。善於溝通及協調的魯，很快找到了與詹姆斯共處的方式，就在他們聯手的第一個球季，球隊就拿到了57勝25負的東區第一戰績，更在進入季後賽的前十場，完成了十連勝的壯舉，打入了總冠軍賽。

總冠軍賽的對手，是該季創造了例行賽史上最佳七十三勝的勇士隊。這支勇士隊兵強馬壯、氣勢如虹，在打完了前四場時，騎士隊陷入了1：3的絕對落後，而歷史上，從未有一支球隊能在冠軍賽中從1：3的勝場劣勢下逆轉。這支騎士隊卻成了史上第一支創造奇蹟的球隊。他們在最後三場比賽中拿下了三連勝，完成了驚天大逆轉，勇得2015-16年的總冠軍。

詹姆斯實現了他對家鄉球隊的承諾，而魯則成了第一個球季擔任總教練，就能率隊拿下總冠軍的冠軍教練。這支騎士隊也成為東區的絕對霸主，多年都以優異的戰力統治了東區。

王牌戰術

魯在2014年來到騎士隊擔任助理教練,正好迎來詹姆斯的回歸,因此2015年魯成為球隊總教練時,他的陣容不但擁有詹姆斯,還有原先陣中2011年選秀狀元凱里・歐文及透過交易得到的明星球員凱文・洛夫,一位菜鳥教練,如何壓得住這一票的球星呢?

以魯的執教風格來說,根本不需要去壓住這一票球星,相反地,雖然身為總教練,他卻反其道而言,經常將球隊在場上的戰術決定權,交給隊上的王牌球員,採用「王牌戰術」,讓自己成為最佳的輔助型教練。

部份媒體曾戲謔地稱魯這套戰術叫作「2348戰術」,即是讓23號的詹姆斯打上48分鐘,全場的勝負關鍵不在教練的調度上,而是在場上那位王牌詹姆斯身上。然而平實而論,這並不容易,因為魯並非不懂得籃球戰術,而是他更懂得如何讓陣中球星去掌握更多主控權,去打出自己想要及擅長的籃球。

事實上,在騎士隊與勇士隊爭雄的那幾年總冠軍賽,魯幾乎都是打出這張王牌戰術,讓詹姆斯及隊上的主力球員占上場的大部份時間,同時握有大部份的主控權。情商極高的魯與球商極高的詹姆斯成了天作之合,不但在聯手的第一個球季就問鼎總冠軍,球隊也多年維持著相當高的戰力。

王牌戰術要能有效發揮，除了教練的氣度外，手上那張王牌還必須球技及球商兼具，而詹姆斯無疑是最佳人選。曾有他隊教練抱怨過，詹姆斯對於NBA每位教練的戰術都瞭如指掌，自己曾嘗試在比賽中使用新戰術，詹姆斯卻一眼識破，在回防時過來調侃他說：「這不是你的戰術吧？」若是如此，那麼懂得採用王牌戰術的魯，無疑才是真正懂得用兵之人。

隊中另一位明星球員洛夫是如此評價魯的：「魯是一位不可思議的戰術大師，善於溝通又平易近人，深受球員的喜愛。」

打點戰術

魯在騎士隊帶兵四個球季，與詹姆斯共事四年，每一個球季都打入總冠軍賽，並拿下了一次總冠軍，他的「王牌戰術」看似缺了些教練的主導性，卻著實讓球員有了最大的發揮空間。然而，魯是否就只會用一招王牌戰術打通關，沒有其他自己的戰術了嗎？其實不然！

在2014-15年球季的總冠軍賽中，面對兵強馬壯的衛冕軍勇士隊時，在前四場被打成了1：3的絕對劣勢，球隊幾乎找不到方法守住這支進攻強勢的勇士隊，特別是完全無法封鎖勇士隊主將史蒂芬・柯瑞（Stephen Curry）主導的三分魔球攻勢。

為了降低柯瑞的進攻威力，既然守不住，那就反其道而行，不如就在進攻時採用「打點戰術」，針對性進攻對方的第一進攻點，不斷用自己進攻最強的球員，去進攻對方防守上的相對弱點，而這個弱點正是對方進攻最強的柯瑞。

透過不斷地跑位及掩護，當己方進攻能力最強的詹姆斯及歐文，只要能夠透過錯位對上柯瑞，就是不停地進攻，耗損他的體力及精神力，讓他在防守時吃癟，間接又降低其進攻時的體力。於是，整場比賽勇士隊進攻端需要靠柯瑞來主導，而在防守端他也是最忙的人。當騎士隊防守柯瑞時，也是傾全隊之力來封鎖其外

線出手空間及傳球路徑，迫使柯瑞必須採用最耗體能的跑動及切入。

以己之長攻彼之短，正是用兵之重點所在，而魯的打點戰術，無疑將這套精神發揮到了淋漓盡致，讓球隊的兩大進攻主力詹姆斯及歐文，在每一次的進攻都領銜扛起進攻任務，專打對手進攻最強、防守卻相對弱勢的主力。

透過這套打點戰術，最終騎士隊成功在1：3的絕對劣勢下，完成了三連勝的絕地大逆轉，寫下了NBA總冠軍賽史上最戲劇性的一刻。

NBA 奪冠 24 大教練和致勝 50 兵法

得分看球星戰技，贏球靠教練戰術

作者　　紀坪

主編　　劉偉嘉

校對　　魏秋綱

排版　　謝宜欣

封面　　萬勝安

出版　　真文化／遠足文化事業股份有限公司

發行　　遠足文化事業股份有限公司（讀書共和國出版集團）

地址　　231 新北市新店區民權路 108 之 2 號 9 樓

電話　　02-22181417

傳真　　02-22181009

Email　service@bookrep.com.tw

郵撥帳號　19504465 遠足文化事業股份有限公司

客服專線　0800221029

法律顧問　華洋法律事務所　蘇文生律師

印刷　　成陽印刷股份有限公司

初版　　2024 年 3 月

定價　　360 元

ISBN　978-626-98116-4-9

歡迎團體訂購，另有優惠，請洽業務部 (02)2218-1417 分機 1124

特別聲明：有關本書中的言論內容，不代表本公司／出版集團的立場及意見，由作者自行承擔文責。

國家圖書館出版品預行編目 (CIP) 資料

NBA 奪冠 24 大教練和致勝 50 兵法：得分看球星戰技, 贏球靠教練戰術／
　　紀坪作 ; -- 初版 . -- 新北市：真文化, 遠足文化事業股份有限公司, 2024.03
　　面；公分 --（認真生活；17）
ISBN　978-626-98116-4-9（平裝）
1. CST: 職業籃球　2. CST: 教練　3. CST: 戰術　4. CST: 傳記
528.952　　　　　　　　　　　　　　　　　　　　　　　　　113000628